Heike Baum
Dreckspatz, Schmierfink, Schmuddelkind!

Heike Baum

Dreckspatz, Schmierfink, Schmuddelkind!

Spiele mit Wasser, Matsch und Farbe

Herder Freiburg · Basel · Wien

Gedruckt auf umweltfreundlichem,
chlorfrei gebleichtem Papier

Einband und Textillustrationen: Theora Krummel

Herstellung: Freiburger Graphische Betriebe 1997
ISBN 3-451-26291-6

Inhalt

Vorwort

Das Spiel mit Sand, Schlamm und Farben, die es den Kindern erlauben, einmal so richtig zu matschen, fasziniert Kinder besonders stark.
Ich erinnere mich noch gut daran, wie wir als Kinder an dem in der Nähe liegenden Fluß mit Lehm nicht nur gebaut, sondern auch die schönsten Schlammschlachten veranstaltet haben. Matsch an den Händen und auf dem Körper vermittelt ein besonderes Körpergefühl und wird auch in der Arbeit mit behinderten Menschen häufig eingesetzt. Das Spiel mit Matsch ermöglicht es den Kindern, sich entspannt dem Spiel hinzugeben. In den Städten ist es heute nicht einfach, Orte zu finden, wo mit Matsch und Lehm gespielt werden kann. Doch die neuen Spielplatzkonzeptionen, die eine Wasserquelle beim Sandkasten vorsehen, lassen hoffen.
Spiele mit Matsch und Farbe sind eine basale Sinneserfahrung, d.h. ein grundsätzliches und ursprüngliches Erleben des eigenen Körpers. Die zusätzliche Arbeit, die durch solche Spiele entsteht, sollte nicht abschrecken. In der Kindertagesstätte aufbewahrte Ersatzkleidung für die Kinder und die Vereinbarung bestimmter „Matschtage“ mit den Eltern können diese Arbeit erleichtern und Problemen vorbeugen.
Es gibt jedoch Kinder, die einen großen Widerwillen gegen Farbe und Matsch auf der Haut oder an den Händen haben. Das sollten Erwachsene respektieren! Manchmal bekommt ein Kind auch beim Zuschauen Lust, selbst ebenfalls einmal zu matschen. Viele der hier aufgeführten Spiele müssen den Kindern nur einmal gezeigt werden, damit sie sie in Zukunft selbständig organisieren können. In den meisten Fällen genügen Wannen und Eimer oder Planschbecken. Es empfiehlt sich, die Kinder bei Wasser- und Matsch- bzw. Farbspielen nackt oder in der Badehose spielen zu lassen.
Das Spielen am Wasser kann für Kinder gefährlich sein, wenn bestimmte Regeln nicht beachtet werden!

Da viele der hier aufgeführten Spiele am Wasser und mit Wasser gespielt werden, sind hier noch einmal die wichtigsten Regeln zusammengefaßt, die dabei beachtet werden müssen.

- Die Kinder müssen immer in Sichtweite der Spielleiterinnen* bleiben können. Das Wasser darf weder zu tief noch zu unruhig sein. Ich empfehle, zu zweit nicht mehr als zwölf Kinder zu betreuen. Bei mehr Kindern ist eine dritte erwachsene Person notwendig.

*Im folgenden wird der Einfachheit halber ausschließlich die weibliche Form verwendet, doch sind natürlich auch Männer angesprochen.

- Wenn Spiele im Wasser stattfinden, erfordert die gesetzliche Aufsichtspflicht immer eine Spielleiterin bei den Kindern im Wasser und eine weitere außerhalb des Wassers, die die Kinder beobachtet.

- Auch Planschbecken, Wannen und Zuber können, vor allem für kleine Kinder, gefährlich werden. Wenn die Kinder ohne Aufsicht sind, müssen diese Gefahrenquellen sicher zugedeckt oder geleert werden.

- Trockene Ersatzkleidung kann schon mal gebraucht werden. Die Kinder sollten auf jeden Fall welche dabei haben. Außerdem müssen genügend Handtücher zur Verfügung stehen.

- Auch Kinder sollten ihren Kreislauf nicht übermäßig belasten, indem sie etwa erhitzt ins kalte Wasser springen.
  Nach dem Essen ist es ebenfalls sinnvoll, eine Pause einzulegen, bevor das Toben wieder beginnt.

- Im Wasser dürfen keine harten und spitzen Gegenstände benutzt werden, da sie, wenn sie nach unten gedrückt werden, durch den Auftrieb unabsichtlich zu „Raketen" werden können. Eine Erste-Hilfe-Tasche muß immer dabei sein, um im Notfall sofort eingreifen zu können.

- Kinder, die am oder mit dem Wasser spielen, sollten eine halbe Stunde zuvor mit einem guten und wasserfesten Sonnenschutzmittel – mindestens Schutzfaktor 20 – eingecremt werden. Dieser Sonnenschutz wirkt höchstens im Faktor 20 mal die Eigenschutzzeit des Kindes, je nach Hauttyp. Weiteres Eincremen kann die Schutzzeit nicht mehr erhöhen! Aus diesem Grund sollten die Spiele in der Sonne nicht zu lange dauern. Außerdem sollten die Kinder grundsätzlich einen Sonnenhut tragen.

Wenn alle diese Regeln beachtet werden, steht jedoch einem ungetrübten Matschvergnügen nichts mehr im Weg.

Danken möchte ich Petra Meyer und Maja Hasenbeck-Bück für die Ideen, die sie mir für dieses Buch zur Verfügung stellten.

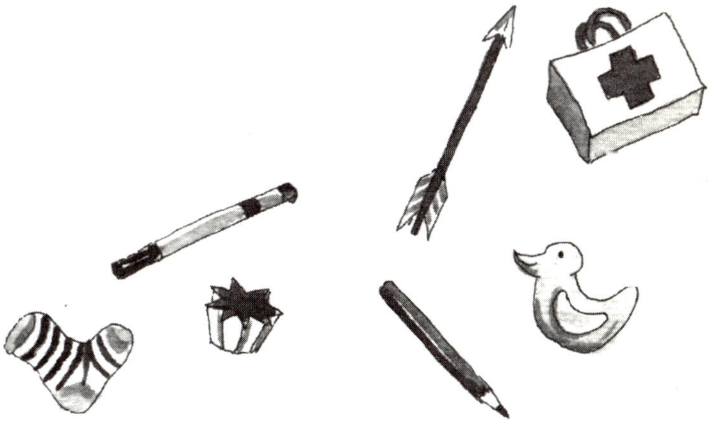

1. Jetzt ist alles bunt, na und?

Farbe mit Haut und Haar erleben

Kinder spielen gern mit Matsch und mit Farbe. Gerade Fingerfarben fühlen sich auf der Haut wie Matsch – nur noch weicher – an. Sie vermitteln ein wunderschönes, glibberiges Gefühl auf der Haut. Man spürt sofort, wenn die Farben trocknen, da die Haut zu spannen beginnt. Wer keine Lust mehr auf Farbe hat, genießt die Dusche mit dem Wasserschlauch.
Richtig Spaß machen diese Farbspiele nur, wenn die Kinder nackt oder nur mit Badehosen bekleidet sind. Wenn sie mit den Farben richtig experimentieren sollen, können sie nicht auf saubere Hosen achten. Bei diesen Spielen geht es vor allem darum, Kreativität mit „Haut und Haar" zu erleben.

Selbstgemachte Fingerfarben

Spieler/innen: eins und mehr
Alter: ab 3 Jahren
Zeit: 10 Minuten
Material: fünf Tassen Wasser,
zwei Tassen weißes Mehl,
eine halbe Tasse Zucker,
drei Eßlöffel Salz,
Temperafarben aus dem Bastelgeschäft,
mehrere Joghurtbecher,
eine Schüssel, ein Rührlöffel, ein Topf
Ort: in der Küche

Alle Zutaten, außer den Farben, werden in eine Schüssel gegeben und kräftig umgerührt, bis sich das Salz und der Zucker aufgelöst haben. Dann kommt die Masse in einen Kochtopf und wird langsam erhitzt. Nach einigen Minuten beginnt sie, dick zu werden, und es steigen Bläschen auf. Jetzt kann sie in leere, gewaschene Joghurtbecher gegeben werden. Wenn die Masse kalt ist, werden die Farben untergerührt, und schon ist die Fingerfarbe fertig.
Im Kühlschrank aufbewahrt, hält sie sich mehrere Wochen.

Kleisterfarben

Spieler/innen: eins und mehr
Alter: ab 3 Jahren
Zeit: 10 Minuten
Material: Tapetenkleister, Wasserfarben,
große Stücke festes Papier
oder Karton, ein dicker Haarpinsel
Ort: im Freien

Zunächst wird etwas Tapetenkleister sehr dick angerührt. Danach kann dieser Kleister auf das Papier oder den Karton gestrichen und an verschiedenen Stellen mit unterschiedlichen Wasserfarben eingefärbt werden. Jetzt werden die Hände in den bunten Matsch getaucht und die Farben über das Blatt verteilt. Die Kinder können versuchen, verschiedene Gegenstände zu formen oder aber auch nur Linien durch den Matsch zu ziehen, um ein Muster zu erzeugen.

Körperbatik

Spieler/innen: zwei und mehr
Alter: ab 3 Jahren
Zeit: 20 Minuten
Material: verschieden eingefärbtes Kreppapier, Wasser in Sprühflaschen
Ort: im Freien

Die Kinder arbeiten jeweils zu zweit oder zu dritt zusammen. Zunächst wird naturfarbenes Kreppapier mit hautverträglichen Farben eingefärbt. Man kann auch Muster auf das Papier auftragen. Dann zieht sich ein Kind aus. Die anderen Kinder wickeln nun dieses Kind in das bunte Kreppapier ein. Das Papier sollte möglichst straff am Körper anliegen. Wenn das Kind eingewickelt ist, beginnen die anderen Kinder, das Kreppapier mit Wasser aus den Sprühflaschen naß zu spritzen. Nach zehn Minuten können die Kinder das Kreppapier wieder abwickeln. Die Muster haben sich nun auf die Haut übertragen. Die Kinder müssen allerdings darauf achten, daß sie nicht zuviel Wasser verspritzen, da die Farben sonst verlaufen. Danach ist das nächste Kind an der Reihe.

Bodygraffiti

Spieler/innen: zwei und mehr
Alter: ab 6 Jahren
Zeit: 10 Minuten
Material: Wasserpistolen, Sprühflaschen, Tuben und ähnliches, selbstgemachte Fingerfarben
Ort: im Freien

Die Fingerfarben werden etwas verdünnt. Jeweils zwei Kinder besprühen sich nacheinander aus der Sprühflasche mit den verdünnten Farben. Der Kopf muß dabei jedoch ausgelassen werden! Das erste Kind zieht sich aus, und das andere Kind kann jetzt, wie auf einer Wand, Graffitis auf das nackte Kind sprühen. Wenn die Graffitis fertig und getrocknet sind, wird das kleine Kunstwerk selbst zum Künstler und darf das andere Kind mit Farbe besprühen.

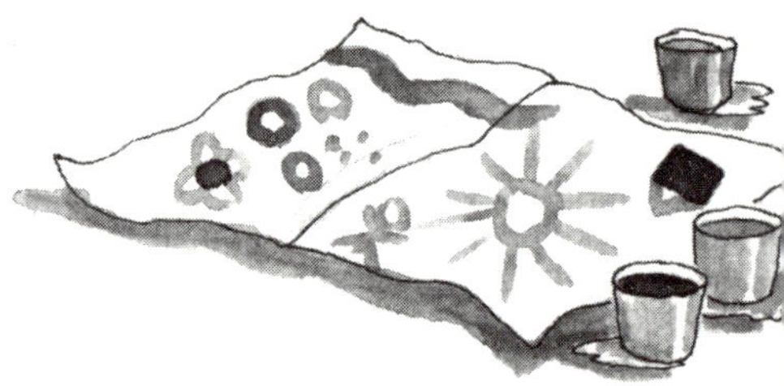

Farbabdrücke

Spieler/innen: zwei und mehr
Alter: ab 3 Jahren
Zeit: 10 Minuten
Material: Folie oder ein aufgeschnittener, großer Plastikmüllsack, Fingerfarben
Ort: im Freien

Jeweils zwei Kinder spielen zusammen. Sie legen den Müllsack auf den Boden und beginnen mit den dickflüssigen Fingerfarben ein wildes Muster auf ihn zu malen. Wenn das Muster fertig ist, legt sich eines der beiden Kinder vor den Müllsack und beginnt, sich langsam zu drehen, so daß es durch die Farbe rollt. Das Muster befindet sich jetzt auf seiner Haut. Für das zweite Kind kann jetzt ein neues Muster auf den Müllsack aufgetragen werden.

Farbige Post

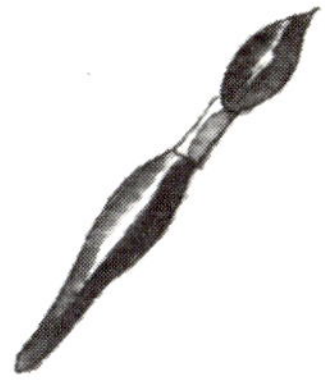

Spieler/innen: zwei und mehr
Alter: ab 3 Jahren
Zeit: 20 Minuten
Material: Fingerfarben, Pinsel
Ort: im Freien

Die Kinder stellen sich alle in einer Reihe hintereinander auf. Die Spielleiterin malt auf den Rücken des letzten Kindes einen Gegenstand, beispielsweise einen Apfel. Nun dreht sich das Kind um und drückt seinen Rücken an den Rücken des Kindes, das vor ihm steht. Es stempelt damit das vor ihm stehende Kind mit dem Motiv. Das Bild wird auf diese Weise immer weiter nach vorn gegeben. Wenn das Motiv vorn angekommen ist, müssen die Kinder raten, um welchen Gegenstand es sich ursprünglich handelte. Das ist nicht leicht, da sich durch die Weitergabe des Abdrucks dessen Konturen sicher etwas verwischt haben. Danach werden die Rücken mit einem weichen Tuch wieder sauber gewischt, und das nächste Motiv kann auf die Reise geschickt werden.

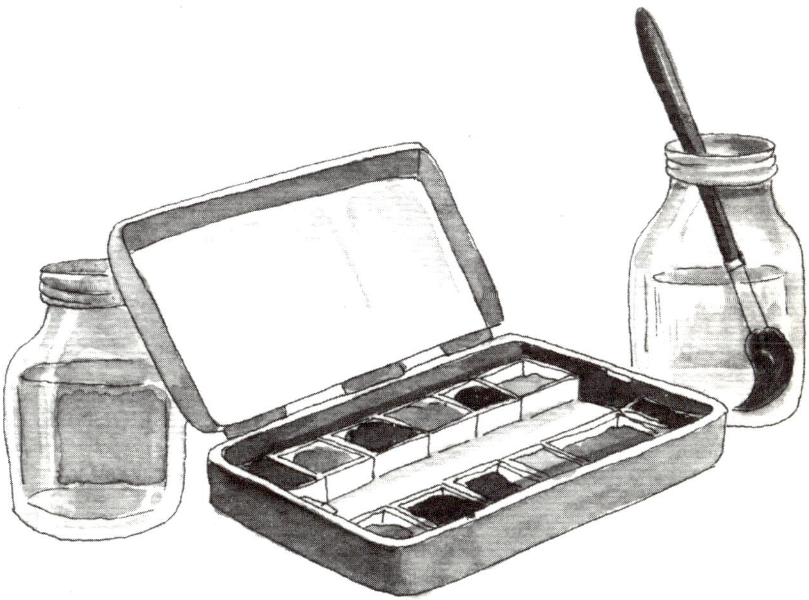

Tarnfarbe

Spieler/innen: zwei und mehr
Alter: ab 3 Jahren
Zeit: 10 Minuten
Material: Fingerfarben
Ort: im Wald

Die Kinder gehen in den Wald und ziehen sich dort aus. Jeweils zwei Kinder spielen zusammen. Nun überlegt sich jedes Kind einen Ort, an dem es sitzen oder liegen möchte. Ein Kind beginnt. Das zweite Kind wählt dann die farblich zu diesem Ort passenden Fingerfarben und malt das erste Kind so an, daß es an seinem ausgewählten Platz nicht mehr auffällt. Wenn das erste Kind getarnt ist, ist das zweite an der Reihe, sich einen Platz zu suchen. Das erste Kind malt nun seinen Partner ebenfalls entsprechend dessen ausgesuchtem Platz an.

Anmerkung: An das Bemalen kann sich auch ein Versteckspiel anschließen, bei dem man die Tarnung testen kann.

Karierte Haare

Spieler/innen: zwei und mehr
Alter: ab 3 Jahren
Zeit: 20 Minuten
Material: Wasserfarben und Pinsel
Ort: im Freien

Jeweils zwei Kinder malen sich gegenseitig die Haare an. Mit den Pinseln können sie wilde Muster in die Haare malen und die heißesten Farben dazu mischen. Die Farbe hält, wenn sie erst einmal getrocknet ist, gut. Sie läßt sich aber mit Waschmittel schnell wieder entfernen. Lediglich bei blonden Haaren und entsprechend knalligen Farben kann es sein, daß die Haare ein paarmal gewaschen werden müssen bevor die Farben ganz raus sind.

Klatschen und Klecksen

Spieler/innen: vier und mehr
Alter: ab 3 Jahren
Zeit: 5 Minuten
Material: Wasser, Fingerfarben
Ort: im Freien

Jedes Kind bestreicht seine Hand mit Farbe. Auf einen Zuruf der Spielleiterin beginnen nun alle Kinder so schnell wie möglich, so viele Abdrücke wie möglich auf der Haut der anderen Kinder zu hinterlassen. Sie rennen hintereinander her und klatschen sich gegenseitig die Handflächen auf den Bauch, den Rücken, die Beine und so weiter. Natürlich müssen sie sich zwischendurch mal die Hand neu bestreichen, damit die Abdrücke farbig bleiben.

Herr Gelb und Frau Blau

Spieler/innen: vier und mehr
Alter: ab 4 Jahren
Zeit: 10 Minuten
Material: Wasser, Wasserfarben, Pinsel
Ort: im Freien

Für dieses Spiel werden zwei jeweils mit einer anderen Farbe bemalte Füße benötigt. Wenn die Füße bemalt sind, erzählt die Spielleiterin eine Geschichte von den Farben. Immer wenn eine Farbe genannt wird, laufen die Kinder, die die entsprechende Farbe auf einem Fuß aufweisen, in den Kreis und halten den Fuß nach oben. Wenn eine Farbe in der Geschichte genannt wird, die aus verschiedenen anderen Farben gemischt wird, stellen sich die Kinder der Mischung entsprechend in der Mitte zusammen. Wenn beispielsweise die Farbe Grün an der Reihe ist, strecken zwei Kinder je einen blauen Fuß und einen gelben Fuß in die Luft.

Rote Socken fangen blaue Socken

Spieler/innen:	sechs und mehr
Alter:	ab 5 Jahren
Zeit:	10 Minuten
Material:	Wasser, Wasserfarben, Pinsel
Ort:	im Freien

Auch in diesem Spiel haben die Kinder jeweils zwei verschiedenfarbige Füße. Sie stehen alle zusammen an der zuvor markierten Startlinie. In etwa 5 m Entfernung markiert eine andere Linie das Ziel.
Die Spielleiterin nennt nun zwei Farben. Sie sagt zum Beispiel: „Die roten Socken fangen die blauen Socken!"
Der Fuß mit der entsprechenden Farbe wird hochgezogen, und die Kinder mit dem blauen Fuß hüpfen, so schnell sie können, hinter die Linie. Alle Kinder mit „roten Socken" versuchen, möglichst viele der Kinder mit „blauen Socken" zu fangen.
Wenn die Füße eines Kindes beide Farben aufweisen, darf es sich eine aussuchen. Hebt es den blauen Fuß an, wird es gefangen, nimmt es den roten, ist es bei den Fängern.

Bodypainting

Spieler/innen: zwei und mehr
Alter: ab 3 Jahren
Zeit: 5 Minuten
Material: Wasser, Fingerfarben, Pinsel
Ort: im Freien

Sich gegenseitig anzumalen, ist ein ganz besonderes Vergnügen. Dafür können Fingerfarben (vor allem für die Kleinen) oder Wasserfarben benutzt werden. Die kleineren Kinder malen mit den Fingern, die großen können Pinsel nehmen. Steht ein Spielfest an, können sich die Kinder gegenseitig die Kleidung von Seenixen, Indianern oder aber von Piraten auf die Haut malen. Es macht Spaß, bemalt zu werden, weil es herrlich kitzelt und sich ein Freund oder eine Freundin ganz mit dem Aussehen des bemalten Kindes beschäftigt.

Anmerkung: Es können auch nur die Hände oder Füße bemalt werden. Wenn die Füße zu Figuren werden, kann man mit ihnen wunderschön Theater spielen. Die Bühne bildet dann ein Tuch, das so aufgehängt wird, daß lediglich die Füße der Kinder sichtbar sind. Wenn mit den Händen gespielt werden soll, wird das Tuch entsprechend tiefer gehängt, damit die Hände nicht so weit nach oben greifen müssen.

Bewegte Bilder

Spieler/innen:	zwei und mehr
Alter:	ab 3 Jahren
Zeit:	5 Minuten
Material:	Wasser, Wasserfarben, Pinsel
Ort:	im Freien

Auf den Rücken, den Oberkörper, das Knie oder in die Armbeuge eines Kindes wird ein Gesicht, eine Figur oder etwas anderes gemalt. Wenn nun das Kind mit den Rückenmuskeln zu spielen beginnt, tanzen die dargestellten Motive, und aufgemalte Gesichter ziehen manchmal auch Grimassen. Die Kinder können nacheinander eine Vorstellung der bewegten Bilder geben.

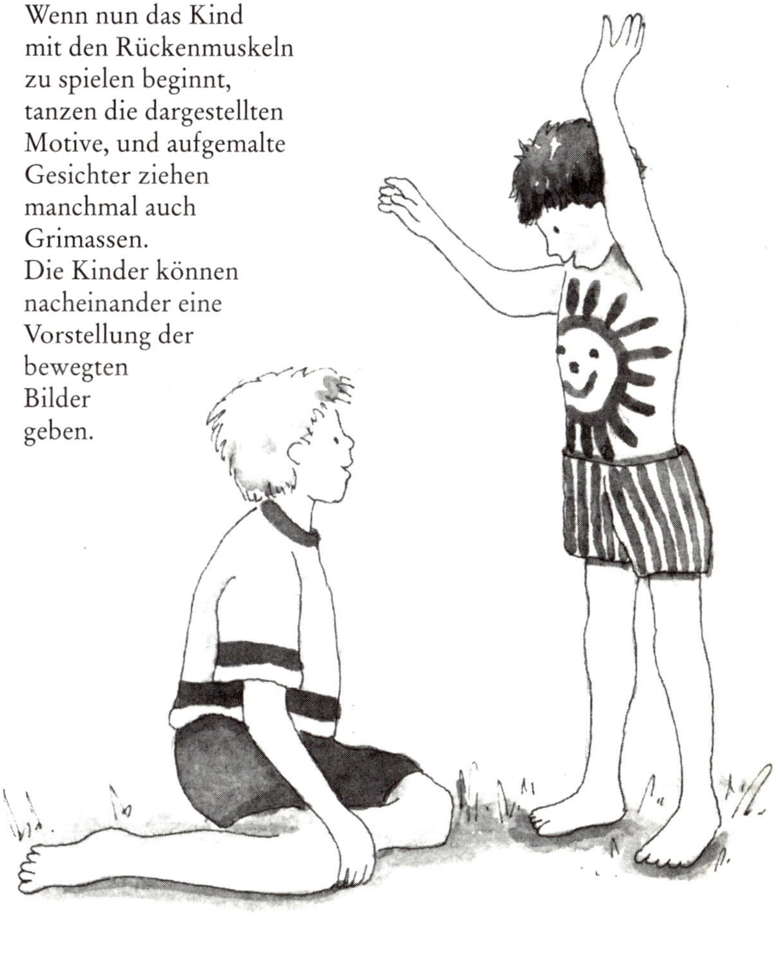

2. Manschen und Matschen

Spiele zum Matschen und Gestalten

Matschspiele sind wichtig für die Entwicklung der Sinne und der Kreativität. Sie ermöglichen selbstvergessenes und ausgelassenes Spielen und ein Gefühl für den eigenen Körper. Aus diesem Grund sollten alle Kinder immer wieder die Gelegenheit haben, unbefangen im Dreck zu wühlen. Absprachen zwischen Spielleiterinnen und Eltern sowie entsprechende Ersatzkleidung sind bei solchen Spielen allerdings wichtig.
Spiele mit Matsch und Lehm sollten auf jeden Fall im Garten stattfinden. Wer beim Matschen den Rasen schonen möchte, kann auch eine Plastikplane unterlegen. Die gibt es billig in Baugeschäften, und sie kann häufig sogar mehrmals benutzt werden. Wenn den Kindern kein Sand zur Herstellung von Matsch zur Verfügung steht, kann auch auf Ton, Salzteig oder Lehm zurückgegriffen werden.

Ton

Ton ist eigentlich viel zu teuer, um damit „nur" zu matschen. Allerdings kann man in Schulen, Töpfereien, Jugendzentren oder in sonderpädagogischen Einrichtungen nach altem, ausgetrocknetem Ton fragen. Dieser Ton ist für Profis uninteressant. Sie geben ihn auch gern ab. Und für unsere Zwecke läßt sich immer noch herrlicher Matsch daraus herstellen, wenn er für ein paar Tage in Wasser gelegt wird. Ideal ist der Ton, wenn er zu einem dicken, nicht zu flüssigen Brei geworden ist.

Salzteig

Ich weiß, daß sich viele Erwachsene darüber ärgern, wenn mit Lebensmitteln gespielt wird. Ich halte jedoch ein Lebensmittel,

das verrottet, für weniger belastend als die Plastikmassen, die unseren Urenkeln noch erhalten bleiben werden. Deshalb ersetze ich, wo das möglich ist, Plastilin durch Salzteig.
Allerdings müssen die Kinder sich unbedingt die Hände eincremen, bevor sie mit Salzteig arbeiten, da das Salz die Haut sonst völlig austrocknen läßt.
Einen Salzteig kann man folgendermaßen herstellen:
Mehl und Salz werden im Verhältnis 1:1 gemischt und dazu wird ein guter Schuß Speiseöl gegeben. Dann wird soviel Wasser untergeknetet, bis der Teig die richtige Konsistenz hat. Wenn man den Salzteig mit Wasserfarben einfärbt, erhält man bunte Knet- oder Matschmasse.
Die Kinder können die fertigen Gebilde aber auch erst nach dem Trocknen mit Wasserfarben bemalen. Sollen sie länger halten, schiebt man die geformten Kunstwerke für zehn bis zwanzig Minuten (ja nach Größe und Dicke) bei 180 Grad in den Backofen. Die Salzteigobjekte sind fertig, wenn sie eine leicht bräunliche Färbung annehmen.
Wer möchte, kann sie nach dem Auskühlen mit Wasserfarben anmalen und mit Klarlack besprühen.

Pappmaché

Pappmaché ist eine weiche Masse aus Papier und Kleister. Um Pappmaché herzustellen – man kann dies mit den Kindern gemeinsam tun – wird viel Zeitungspapier in kleine Schnipsel geschnitten und in eine große Wanne gegeben. In einem Eimer wird relativ dünnflüssig Tapetenkleister angerührt. Die Schnipsel müssen nun gut mit dem Kleister vermischt werden. Der Brei muß mindestens eine Stunde quellen. Am besten läßt man ihn über Nacht, mit einer Plane zugedeckt, durchziehen.
Aus Pappmaché kann alles mögliche geformt werden. Bei sehr dicken oder großen Figuren wird möglicherweise ein Drahtunterbau benötigt, da sie sehr schwer werden können. Pappmaché ist im trockenen Zustand sehr stabil. Ein Karton, der mit nur zwei Lagen Pappmaché bestrichen wird, kann von einem Erwachsenen als Stuhl benutzt werden! Natürlich läßt es sich auch bunt bemalen, wenn es trocken ist. Es ist aber auch möglich, die weiche Masse in verschiedene Eimer zu füllen und mit Wasserfarben oder Dispersionsfarben einzufärben.

Stein im Matscheimer suchen

Spieler/innen: zwei und mehr
Alter: ab 5 Jahren
Zeit: 5 Minuten
Material: für jedes Kind einen jeweils unterschiedlich geformten, faustgroßen Stein, ein großer mit Matsch gefüllter Eimer
Ort: im Sandkasten

Die Spielleiterin gibt jedem Kind einen Stein, und die Kinder betasten ihn genau. Sie versuchen dabei, den Stein in seiner Form wahrzunehmen und eine Vorstellung davon zu bekommen, wie er aussehen könnte. Nach einiger Zeit öffnen sie die Augen und betrachten ihn. Die Spielleiterin sammelt danach die Steine wieder ein und versteckt sie hinter dem Rücken der Kinder in einem großen, mit Matsch gefüllten Eimer.
Die Kinder versuchen nun, ihren eigenen Stein wieder herauszufischen. Sie greifen in den Matsch und betasten die Steine, die sie dort finden. Sie dürfen den Stein erst dann aus dem Matsch herausholen, wenn sie sich sicher sind, ihren eigenen Stein in der Hand zu haben. Kinder, die auf den falschen Stein tippen, legen ihn wieder zurück, dürfen aber nicht mehr nach ihrem eigenen Stein suchen. Haben alle Kinder einen Stein ausgesucht, überprüfen sie gemeinsam, ob sie richtig gewählt haben.

Ein Loch ist im Eimer

Spieler/innen: eins und mehr
Alter: ab 5 Jahren
Zeit: 30 Minuten
Material: am Ort vorhandene Materialien aus der Natur, Matsch
Ort: am Wasser

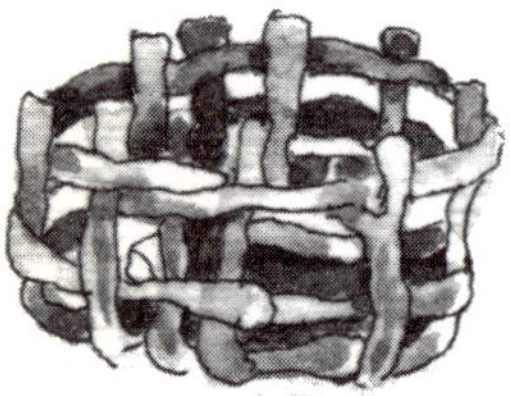

Jedes Kind soll ein Gefäß bauen, aus dem der Matsch nicht auslaufen kann. Die Kinder dürfen dafür aber nur Dinge und Materialien verwenden, die sie am Ort finden. Gefundene Flaschen und Eimer dürfen nicht verwendet werden.
Wenn die Kinder genügend Material gesammelt haben, setzen sie sich hin und versuchen, das Material so zusammenzuflechten und zusammenzubinden, daß ein Gefäß daraus entsteht. Wenn in der Nähe Lehm zu finden ist, darf er von außen auf die Behälter gestrichen werden, um sie abzudichten. Auch Rinde eignet sich zum Abdichten.
Wenn alle Gefäße fertig sind, werden sie mit Matsch oder nassem Sand gefüllt. Das Gefäß, das den Matsch am längsten hält, ist der Siegerpokal und wird dem Erbauer feierlich überreicht.

Blindes Formen

Spieler/innen: zwei und mehr
Alter: ab 5 Jahren
Zeit: 5 Minuten
Material: feuchter Sand
Ort: im Sandkasten

Die Kinder sitzen im Sandkasten im Kreis. Die Spielleiterin nennt dem ersten Kind flüsternd, so daß die anderen nichts hören können, einen Gegenstand. Nun verbindet sie diesem Kind die Augen. Es soll den genannten Gegenstand aus feuchtem Sand formen. Die anderen Kinder dürfen gleich mit dem Raten beginnen. Das Kind, das den Gegenstand errät, darf selbst mit verbundenen Augen den nächsten Gegenstand formen. Die Kinder können sich auch selbst Gegenstände ausdenken, die sie formen wollen.

Hinter meinem Rücken

Spieler/innen:	zwei und mehr
Alter:	ab 5 Jahren
Zeit:	5 Minuten
Material:	feuchter Sand
Ort:	im Sandkasten

Die Kinder sitzen in einem Halbkreis. Vor ihnen sitzt ein Kind mit dem Rücken zu den anderen Kindern. Nun formen die Kinder aus dem feuchten Sand einen Gegenstand. Sind sie fertig, darf das Kind in der Mitte mit den Händen hinter seinen Rücken greifen und den Gegenstand abtasten. Hat es den Gegenstand erraten, darf ein anderes Kind einen neuen Gegenstand raten. Konnte es das Sandobjekt jedoch nicht identifizieren, so darf es, wenn es mag, in der nächsten Runde nochmals raten.

Glibberiges Matschvergnügen

Spieler/innen: eins und mehr
Alter: ab 3 Jahren
Zeit: 15 Minuten Vorbereitung
Material: ein Topf, Gelatine, Wasser
Ort: in der Küche und im Freien

Aus Gelatine läßt sich eine tolle Masse zum Manschen herstellen. Da Gelatine nicht giftig ist, eignet sie sich besonders für die Kleinen. Die Gelatine wird nach den Packungsanweisungen gekocht. Je weniger Wasser man nimmt, um so zäher wird die Konsistenz. Wenn die Masse handwarm ist, kann es losgehen. Die Masse kann mit anderen Materialien vermischt werden. Es lassen sich Dinge daraus formen oder Bilder damit herstellen.

Glibberbilder

Spieler/innen: eins und mehr
Alter: ab 3 Jahren
Zeit: 25 Minuten
Material: Gelatine, Lebensmittelfarben, ein Topf, mehrere durchsichtige Gefäße, Schüsseln, Schalen und ähnliches, Löffel, Joghurtbecher, eine große Wanne
Ort: in der Küche

Die Gelatine wird mit weniger Wasser gekocht, als in der Anleitung steht. Danach wird sie in verschiedene Joghurtbecher gefüllt, die in einer mit heißem Wasser gefüllten Wanne stehen. Dann wird sie in den einzelnen Bechern mit unterschiedlichen Farben gefärbt.

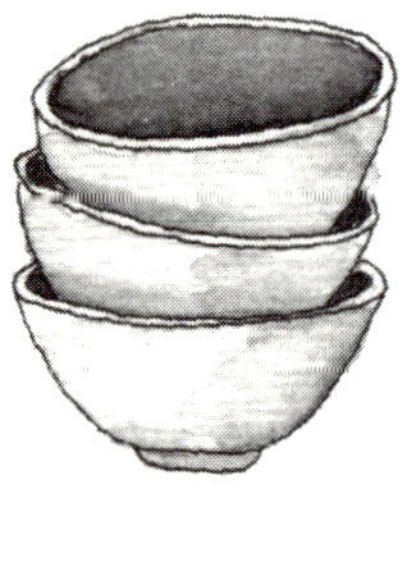

Jetzt können die Kinder mit der Gelatine bunte Bilder herstellen. Als Malfläche dienen die durchsichtigen Schalen. Wer schärfere Konturen haben will, muß die Umrisse seiner Figur aus Silberfolie formen, in die Glasschale legen und diese mit warmer Gelatine füllen. Ist die Gelatine etwas erkaltet, wird die Folie vorsichtig entfernt und die Schale mit einer anderen Farbgelatine aufgefüllt. Danach wird die Masse auf einen Teller gestürzt,

wo man die kleinen, wie Wackelpudding aussehenden, Kunstwerke dann bewundern kann.
Ganz kleine Kinder können auch nur verschiedene Farben in ihre Schale füllen und mit dem Finger verschiedenfarbige Muster ziehen. Auch diese Gebilde sehen, auf einen Teller gestürzt, sehr schön aus.

Sandburg und Apfelbaum

Spieler/innen: drei und mehr
Alter: ab 5 Jahren
Zeit: 10 Minuten
Material: für jedes Kind zwei Steine, feuchter Sand
Ort: im Sandkasten

Die Kinder sitzen in einem Kreis. Die Steine liegen in der Mitte. Das erste Kind formt aus dem feuchten Sand etwas Gegenständliches. Die anderen Kinder versuchen nun zu erraten, was das Objekt darstellen soll. Errät ein Kind den Gegenstand, erhält es einen Stein aus der Mitte.
Danach ist das nächste Kind an der Reihe. Wer am Schluß die meisten Steine besitzt, hat gewonnen.

In zwei Richtungen

Spieler/innen: vier und mehr
Alter: ab 4 Jahren
Zeit: 5 Minuten
Material: ein breites Stoffband, zwei Sandeimer
Ort: im großen Sandkasten

Zwei Kinder setzen sich in die Mitte des Sandkastens. Auf den Rand wird links und recht jeweils ein Eimer gestellt. Nun bindet die Spielleiterin beide Kinder jeweils am rechten Fuß zusammen. Sie dürfen den Eimer von ihrem Platz aus nicht erreichen können. Auf ein gemeinsames Zeichen kriechen sie auf allen vieren los und versuchen, den Eimer auf ihrer Seite in die Hand bekommen. Dazu müssen sie das andere Kind zu sich ziehen, was im Sand gar nicht so einfach ist. Hat ein Kind es geschafft, seinen Eimer zu erreichen, ist das nächste Paar an der Reihe.

Gipshände

Spieler/innen: eins und mehr
Alter: ab 3 Jahren
Zeit: 10 Minuten
Material: Wasser, Gips, eine Schüssel, für jedes Kind eine große Käseschachtel oder eine andere Kartonschachtel
Ort: im Freien

In einer Schüssel wird Gips mit Wasser angemischt. Die fertige Gipsmasse sollte eher fest sein. Nun werden die Schachteln damit bis zu einer Höhe von 3 cm gefüllt. Bevor der Gips fest wird, taucht jedes Kind, seine Hand in die Gipsmasse in seiner Schachtel. Die Masse sollte allerdings nicht auf den Handrücken laufen. Nach einer Minute werden die Hände wieder herausgezogen. Der Gipsabdruck sollte jetzt eine halbe Stunde trocknen. Danach wird der Karton einfach abgezogen. Der Handabdruck kann mit Wasserfarben angemalt werden.

Gipsskulpturen

Spieler/innen: eins und mehr
Alter: ab 3 Jahren
Zeit: 20 Minuten
Material: Wasser, Gips, eine Schüssel, für jedes Kind eine Plastiktüte
Ort: im Freien

Zunächst wird der Gips nach der Anleitung auf der Packung angerührt. Dann wird die Masse nacheinander in die verschiedenen Plastiktüten gegossen, wo der Gips langsam aushärten kann. Nach ein paar Minuten können die Kinder schon versuchen, die Masse durch die Tüte hindurch zu formen. Wenn der Gips die eingedrückte Form behält, können sie damit beginnen, aus der Gipsmasse eine Skulptur zu gestalten. Die fertige Skulptur benötigt dann noch ungefähr zehn Minuten zum völligen Aushärten. Dann kann die Plastiktüte aufschnitten werden. Wer mag, kann seine Skulptur auch mit Wasserfarben bemalen oder mit einen Messer weiter bearbeiten und die Gestalt verfeinern.

Gipsabdrücke

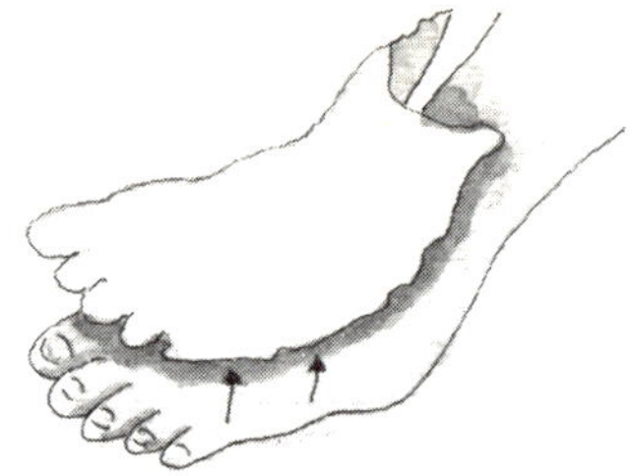

Spieler/innen: eins und mehr
Alter: ab 3 Jahren
Zeit: 10 Minuten
Material: Wasser, Gips, eine Schüssel, ein Tomatenkarton, Sand
Ort: im Freien

Der Tomatenkarton wird mit Sand gefüllt. Das erste Kind nimmt nun seinen Fuß, seine Hand oder einen anderen Gegenstand und drückt ihn in den Sand. Die vorher angerührte Gipsmasse wird in die entstandene Höhlung gegossen. Nach einigen Minuten ist der Gips hart geworden, und die Kinder können den Abdruck herausnehmen. Die Abdrücke können auch angemalt werden. Im Herbst kann zum Beispiel ein Obstkorb entstehen, in dem nur Gipsobst liegt.

Modellierter Kleister

Spieler/innen: eins und mehr
Alter: ab 3 Jahren
Zeit: 15 Minuten
Material: Wasser, Kleister, eine Schüssel, Sand oder Sägemehl
Ort: im Freien

Kleister und Sand oder Sägemehl werden im Verhältnis 1:2 gemischt. Die fertige Masse kann wie Knete geformt werden, wird aber richtig hart, wenn man sie in der Sonne trocknet.
Das Sägemehl muß sehr fein sein und darf keine Späne enthalten, damit sich kein Kind an möglicherweise vorhandenen Holzsplittern verletzen kann. Aus der Masse können dann verschiedene Gegenstände geformt und nach Belieben auch bemalt werden.

Matsch oder Lehm

Spieler/innen: zwei und mehr
Alter: ab 3 Jahren
Zeit: 5 Minuten
Material: zehn Dosen, Stoff, Gummis, verschiedene Materialien, wie beispielsweise Erde, nasser Ton, Eis, Lehm und so weiter, für jedes Kind ein Handtuch, das schmutzig werden darf
Ort: im Freien

Aus einer Großküche werden zwanzig leere 10-Liter-Konservendosen geholt. Der obere Rand muß mit Klebestreifen beklebt werden, damit sich kein Kind an der scharfen Kante verletzen kann. Jetzt werden die Stoffe so zugeschnitten, daß sie, über die Dosen gelegt, etwa 10 cm überstehen. In die Mitte wird ein Schlitz geschnitten, der so groß sein soll, daß eine Kinderhand in die Dose fassen kann.
Die Dosen werden nun mit verschiedenen Materialien gefüllt: Erde, nasser kalter Ton, nasser warmer Ton, Ton mit Kies vermischt, Eiswürfel, trockener Sand, nasser Sand, Gips, Lehm, reines Wasser und vieles mehr. Jetzt werden die Stoffe über die Öffnung der Dosen gelegt und mit einem Gummi befestigt. Die Stoffe halten noch besser, wenn sie zusätzlich mit Klebestreifen befestigt werden.
Jedes Kind erhält ein Handtuch, um sich nach jedem Griff in eine Dose die Hände abzuputzen.
Jetzt können die Kinder nach und nach in die verschiedenen Dosen greifen und versuchen, die Unterschiede zu benennen, die

sie spüren. Sie können auch versuchen, die Materialien, die sie fühlen, zu erraten.
Danach sucht sich jedes Kind eine Dose mit dem Material aus, das ihm am besten gefallen hat. Es nimmt das Tuch ab und hat Zeit, sich eine Weile allein mit dem Material zu beschäftigen.
Nach einiger Zeit stellen die Kinder die Dosen in drei Gruppen zusammen. Alle Dosen mit sehr angenehmem Inhalt, die mit nur angenehmen Materialien und die Dosen mit den unangenehmen Materialien werden jeweils zusammengestellt.
Anschließend erklären die Kinder, warum sich das eine Material besser anfühlt als das andere. Dabei können durchaus ganz verschiedene Meinungen nebeneinander stehen.

Marslandschaft

Spieler/innen: zwei und mehr
Alter: ab 3 Jahren
Zeit: 5 Minuten
Material: ein Brett oder ein dicker Karton (mindestens 1x1,5 m), Matsch aus Sand, Pappmaché, Ton und ähnliches, Farben und Pinsel
Ort: im Freien

Das Brett wird auf eine Wiese gelegt. Die Kinder sollen darauf mit dem Matsch eine Landschaft gestalten. Sie wird um so bizarrer, je besser der Matsch ist. Pappmaché ist hier sogar besser geeignet als mit Wasser vermischter Sand.
Wenn die Landschaft fertig ist, geben die Kinder ihr einen Namen. Die getrocknete Landschaft kann eine herrliche Moto-Cross-Strecke für alle Autos und Motorräder aus der Spielzeugkiste sein. Sie kann auch die Bühne für die verschiedensten Spiele darstellen, wie zum Beispiel eine Erforschung des Planeten Mars.
Wenn die Kinder wollen, können sie die Landschaft noch bemalen.

Steine suchen

Spieler/innen: zwei und mehr
Alter: ab 5 Jahren
Zeit: 5 Minuten
Material: für jedes Kind einen faustgroßen Stein
Ort: im Freien

Die Kinder bauen gemeinsam einen großen Berg aus nassem Sand. Dann schließen sie ihre Augen. Jedes Kind erhält einen faustgroßen Stein zum Betasten. Die Steine müssen sich alle voneinander unterscheiden. Sobald die Kinder das Gefühl haben, ihren Stein genau zu kennen, werden die Augen wieder geöffnet und der Stein angesehen. Danach sammelt die Spielleiterin die Steine wieder ein.
Die Steine werden dann, ohne daß die Kinder dabei zusehen dürfen, im Sandberg versteckt. Dann müssen die Kinder ihren Stein im nassen Sand suchen. Sie dürfen einen Stein erst dann aus dem Sand ziehen, wenn sie sich sicher sind, daß sie ihren eigenen in der Hand halten. Wenn ein Kind einen Stein erwischt, der nicht ihm gehört, muß es ihn zurücklegen. Dieses Kind darf aber nicht mehr weitersuchen. Wenn alle Kinder einen Stein gefunden haben, wird gemeinsam überprüft, ob es sich um die richtigen Steine handelt.

Auf der Hut sein

Spieler/innen: zwei und mehr
Alter: ab 4 Jahren
Zeit: 5 Minuten
Material: eine mit Matsch gefüllte Wanne, ein Gürtel oder ein dickes Seil
Ort: im Freien

Ein Kind ist der Wächter. Es ist mit einem Gürtel oder einem dicken Seil so an einen Baum oder Pfahl gebunden, daß es einen Bewegungsfreiraum von ungefähr 1 m hat.
Vor ihm steht eine mit Matsch gefüllte Wanne.
Die anderen Kinder versuchen nun, dem Wächter den Matsch zu stehlen. Der Wächter verhindert dies, indem er die Kinder fängt. Ist ein Kind vom Wächter abgeschlagen worden, setzt es sich hin.
Konnte jedoch ein Kind etwas Matsch stehlen, darf es den Wächter ablösen und selbst die Wanne beschützen.

3. Schneller als die Feuerwehr

Spiele, bei denen es spritzt

Das schnelle Spiel mit Matsch und Wasser und das Durchlaufen matschreicher Hindernisparcours bringen es mit sich, daß die Kinder hier nicht unbedingt sehr sauber bleiben. Sie werden gleichzeitig naß und dreckig. Die Matschballons, die bei manchen Spielen verwendet werden, kann man aus Ballons herstellen, die mit flüssigem Matsch gefüllt werden. Wenn der Boden dann mit Matsch bedeckt ist, muß unbedingt darauf geachtet werden, daß die Kinder nicht ungewollt ins Rutschen geraten!

Blinde Matschgärtner

Spieler/innen: vier und mehr
Alter: ab 4 Jahren
Zeit: 5 Minuten
Material: zwei Augenbinden, zwei Gießkannen mit breiter Öffnung, die mit flüssigem Matsch gefüllt sind
Ort: im Freien

Die Kinder bilden zwei Gruppen. Aus jeder Gruppe wird ein Gärtner bestimmt, der in die Mitte des Spielfeldes geht. Die anderen Kinder stehen am Spielfeldrand und begrenzen es, damit die Gärtner nicht aus dem Feld laufen können. Dabei verteilen sich die Kinder der Gruppe gleichmäßig. Im Spielfeld selbst befinden sich keine Gegenstände, Bäume und Büsche oder ähnliches. Die Gärtner dürfen das Spielfeld nicht verlassen.
Den beiden Gärtnern werden nun die Augen verbunden, und sie erhalten je eine Gießkanne. Sie laufen vorsichtig durch das Spielfeld und versuchen jeweils, den anderen Gärtner mit Matsch zu begießen. Die Kinder aus der jeweils eigenen Gruppe können ihrem blinden Gärtner durch laute Zurufe helfen. Ist einer der Gärtner naß geworden, wird gewechselt, und zwei andere Kinder können ihr Glück als blinde Gärtner versuchen.

Schwarze Nixe

Spieler/innen: vier und mehr
Alter: ab 3 Jahren
Zeit: 5 Minuten
Material: ein großer, mit Matschbrühe gefüllter Zuber
Ort: im Freien

Ein Kind ist die schwarze Nixe. Sie steht hinter dem Zuber und darf die anderen Kinder ständig mit Matsch bespritzen. Sie darf allerdings nur die Hände dazu benutzen. Die anderen Kinder können das verhindern, indem sie die Nixe zu zweit an den Armen fassen. Natürlich wird sich die schwarze Nixe durch heftiges Spritzen zur Wehr setzen. Haben es zwei Kinder trotzdem geschafft, sie zu fassen, darf ein anderes Kind die Nixe sein.

Matschmonster

Spieler/innen: eins und mehr
Alter: ab 3 Jahren
Zeit: 5 Minuten
Material: eine flache, mit Matsch gefüllte Wanne, viele Tennisbälle oder größere Steine
Ort: im Freien

Auf eine Seite der Wanne wird ein großes Blatt Papier oder ein großer, heller Karton gelegt. Die Wanne selbst ist randvoll mit einem weichen Gemisch aus Sand, Erde oder Ton und Wasser gefüllt. Nun stellen sich die Kinder auf die andere Seite der Wanne. Sie beginnen, die Tennisbälle in den Matsch zu werfen bis es auf das Papier spritzt. Nach einigen Würfen kann man nachsehen, welche Matschmonster die Spritzspuren auf das Papier gezeichnet haben.

Matschpapier

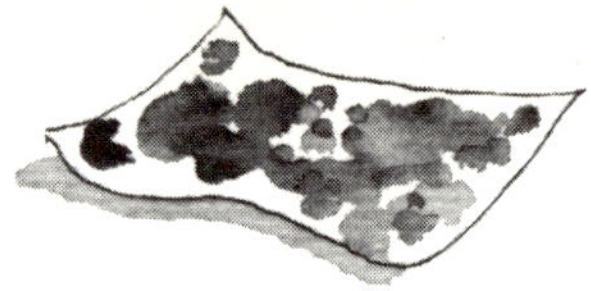

Spieler/innen: vier und mehr
Alter: ab 4 Jahren
Zeit: 5 Minuten
Material: zwei flache, mit Matsch gefüllte Wannen, Tennisbälle oder größere Steine, zwei Blätter weißes Papier
Ort: im Freien

Die Kinder teilen sich in zwei Gruppen. Jede Gruppe legt hinter ihre Wanne ein Blatt weißes Papier. Auf ein gemeinsames Zeichen hin, beginnen die Kinder, die Steine so in die Wanne zu werfen, daß ihr Blatt schnell ganz zugematscht ist. Die Gruppe, deren Papier als erstes ganz mit Matsch bedeckt ist, ist Sieger.

Matschhockey

Spieler/innen: vier und mehr
Alter: ab 5 Jahren
Zeit: 5 Minuten
Material: viele feste Matschballons, für jedes Kind einen Stock, vier große Steine
Ort: im Freien

Die Kinder teilen sich in zwei gleich große Gruppen auf. Das Tor an jeder Seite des Spielfelds wird durch zwei Steine gebildet, die jeweils einen Abstand von etwa 1 m haben. Die Kinder der ersten Gruppe beginnen, den ersten Matschballon mit den Stöcken in das gegnerische Tor zu treiben. Gelingt es ihnen, erhalten sie einen Punkt. Die andere Gruppe darf aber jederzeit versuchen, den Ballon mit ihren Stöcken abzufangen und ihn selbst in das andere Tor zu treiben. Wenn einer Gruppe beim Spiel der Matschballon platzt, erhält die gegnerische Gruppe fünf Torpunkte. Die Kinder müssen also sehr vorsichtig spielen.

Zu spät!

Spieler/innen: zwei und mehr
Alter: ab 4 Jahren
Zeit: 5 Minuten
Material: viele Matschballons, ein Tisch
Ort: im Freien

Ein Kind kniet mit etwas Abstand hinter dem Tisch. Ein anderes Kind steht vor dem Tisch und läßt den Matschballon mit Schwung über den Tisch rollen. Das Kind hinter dem Tisch muß diesen Matschballon schnell auffangen. Hat es dies geschafft, wird gewechselt. Fängt es den Ballon nicht, bleibt es einfach knien und wartet auf den nächsten Matschballon.

Pyramide

Spieler/innen: zwei und mehr
Alter: ab 3 Jahren
Zeit: 5 Minuten
Material: viele mit Wasser und Matsch gefüllte Dosen
Ort: im Freien

Zunächst werden die Dosen mit ziemlich flüssigem Matsch gefüllt. Dann versuchen die Kinder, mit diesen Dosen eine möglichst hohe Pyramide zu bauen. Um die Pyramide möglichst hoch zu bauen, müssen sie auf einen Stuhl oder sogar einen Tisch klettern können. Sie müssen beim Bau recht vorsichtig vorgehen, sonst fällt die ganze Pyramide um, und alle werden mit Matsch bespritzt.

Matschfrachter

Spieler/innen: zwei und mehr
Alter: ab 3 Jahren
Zeit: 10 Minuten
Material: ein Planschbecken oder eine Wanne, eine leere Fischdose, eine Schale aus Styropor oder etwas anderes, das als schwimmende Fläche dienen kann, viele unterschiedliche, feste Matschklumpen
Ort: im Freien

Zunächst müssen viele feste, etwa gleich große Matschklumpen hergestellt werden. Dann erhält jedes Kind die gleiche Anzahl von Matschklumpen, mindestens aber zehn Stück. Nun setzen sich die Kinder um die Wanne herum und legen abwechselnd ein Matschhäufchen auf die schwimmende Schale. Irgendwann wird die Schale zu schwer und beginnt zu sinken. Das Kind, das den letzten Matschklumpen auf die Schale gelegt hat, bevor sie sinkt, muß nun den ganzen Matsch aus dem Wasser fischen, und das Spiel beginnt von neuem. Gewonnen hat das Kind, das als erstes keinen Matsch mehr besitzt.

Spielzeug fischen

Spieler/innen: zwei und mehr
Alter: ab 3 Jahren
Zeit: 5 Minuten
Material: ein Planschbecken, gefüllt mit einer trüben Matschbrühe, jeweils zwei identische kleine Spielsachen (zwei Plastikautos, zwei Plastikmännchen und so weiter)
Ort: im Freien

Jeweils eines der doppelt vorhandenen Spielzeuge wird in die Matschbrühe im Planschbecken gelegt, das andere kommt unter ein Tuch. Alle Kinder stehen um das Planschbecken herum. Ein Kind beginnt. Es zieht einen Gegenstand unter dem Tuch hervor und zeigt ihn den anderen Kindern. Diese versuchen, das entsprechende Spielzeug aus der trüben Brühe des Planschbeckens zu fischen. Da sie kaum sehen, wo der Gegenstand liegen könnte, müssen sie ihn ertasten. Sieger ist, wer am Schluß die meisten Gegenstände an seinem Platz liegen hat.

Hürdenlauf

Spieler/innen: vier und mehr
Alter: ab 5 Jahren
Zeit: 10 Minuten
Material: ein Wasserschlauch, mehrere mit Wasser und Matsch gefüllte Hindernisse, wie zum Beispiel eine Wanne, ein mit einem auseinandergeschnittenen Müllsack ausgelegter Graben und anderes
Ort: im Freien

Im Gelände wird ein Parcours aus mit Wasser und Matsch gefüllten Hindernissen aufgebaut. An einer Stelle des Parcours steht ein Kind, das den Wasserschlauch gleichmäßig von oben nach unten bewegt. Die Kinder laufen nun, so schnell sie können, durch den Parcours. Dabei sollen sie vermeiden, naß zu werden. Sie müssen also nicht nur über die Hindernisse springen und klettern, sondern auch über den Wasserstrahl hüpfen. Das klappt nur, wenn sie zum richtigen Zeitpunkt loslaufen.

Elefantenbad

Spieler/innen: zwei und mehr
Alter: ab 3 Jahren
Zeit: 5 Minuten
Material: ein Wasserschlauch, ein Sandkasten oder eine matschige Fläche
Ort: im Freien

Ein Kind darf nun der Tierpfleger im Zoo sein. Die anderen Kinder sind Elefanten, die sich besonders gern mit einem Wasserschlauch abspritzen lassen und danach im Sand oder auf der Erde wälzen. In der freien Wildbahn machen Elefanten das selbst. Sie saugen Wasser in ihren Rüssel und spritzen sich damit naß. Anschließend wälzen sie sich im Sand, um die Haut vor Parasiten zu schützen.
Der Tierpfleger hält den Wasserstrahl auf die anderen Kinder. Diese dürfen sich nun immer wieder in den Wasserstrahl stellen und im Sand oder auf der Erde wälzen. Allerdings darf der kleine Tierpfleger das Wasser nie in das Gesicht der kleinen Elefanten spritzen.

Ärgerliche Waschfrauen

Spieler/innen: vier und mehr
Alter: ab 3 Jahren
Zeit: 5 Minuten
Material: ein Wasserschlauch, viele Puppenkleider oder Handtücher, eine Leine, eine mit Matsch gefüllte Wanne
Ort: im Freien

Die Handtücher oder die Puppenkleider werden ohne Klammern über eine Leine gehängt. Unter der Leine steht eine mit Matsch gefüllte Wanne. Ein Kind hält den Wasserschlauch in der Hand und versucht, die Tücher von der Leine zu spritzen. Die anderen Kinder sind die Waschfrauen, die die Tücher retten müssen, damit sie nicht in die Wanne fallen. Am Ende werden die Tücher gezählt. Überwiegen die sauberen Tücher, muß das erste Kind die dreckigen Tücher in einem Eimer mit klarem Wasser ausspülen. Überwiegen die dreckigen Tücher sind die Waschfrauen mit der großen Wäsche dran.

Seife grabschen

Spieler/innen: zwei und mehr
Alter: ab 3 Jahren
Zeit: 5 Minuten
Material: ein Planschbecken oder eine Wanne, ein Stück Seife
Ort: im Freien

Die Seife wird in die Wanne geworfen. Das erste Kind versucht, mit einem Griff die Seife aus dem Wasser zu holen. Die anderen Kinder zählen die Versuche, die das Kind benötigt, um die Seife zu erwischen. Wenn das erste Kind Erfolg hatte, sind der Reihe nach die anderen Kinder dran.

Waschstraße

Spieler/innen: vier und mehr
Alter: ab 3 Jahren
Zeit: 10 Minuten
Material: ein Wasserschlauch, viele Schwämme und Waschlappen, Handtücher
Ort: im Freien

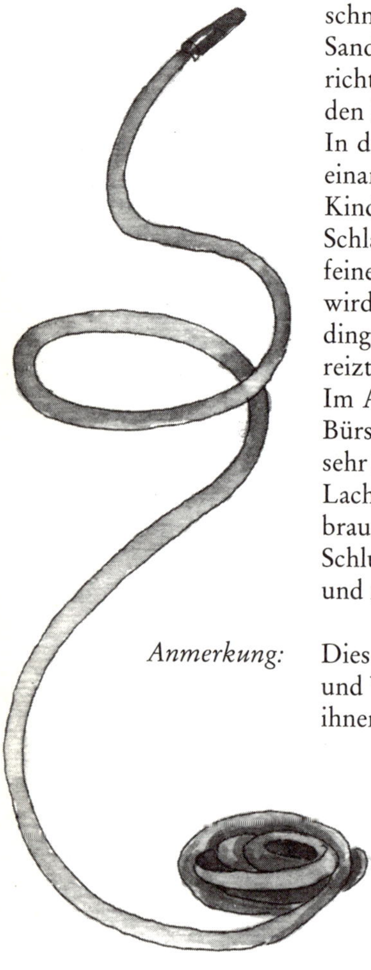

Bevor dieses Spiel losgeht, müssen sich die Kinder richtig schmutzig machen. Sie können sich zum Beispiel naß in den Sand legen und mit Sand paniert wieder aufstehen oder aber richtig im Matsch wälzen. Bei solchen Dreckspatzen kann man den Erfolg einer Waschstraße erst richtig bewundern.
In der Waschstraße sitzen einige Kinder in einer Reihe hintereinander und bilden so die verschiedenen Stationen. Das erste Kind spritzt den Dreckspatz mit nur leichtem Druck im Schlauch vorsichtig naß. Das nächste Kind kommt mit einem feinen, weichen Schwamm mit viel Seife oder Shampoo. Damit wird das dreckige Kind von oben bis unten eingeseift. Allerdings wird das Gesicht ausgespart, damit die Augen nicht gereizt werden. Das Gesicht muß ohne Seife abgewaschen werden. Im Anschluß werden dem Dreckspatz mit einer ganz weichen Bürste die Beine und vor allem die Füße abgebürstet. Da dies sehr kitzeln kann, wird hier aus der Waschstraße sehr leicht eine Lachstraße. An der nächsten Station werden die Kinder abgebraust, damit nicht ein Krümel Seife an ihnen kleben bleibt. Zum Schluß werden die sauberen Kinder in ein Handtuch gewickelt und zum Trocknen in die Sonne gelegt.

Anmerkung: Dieses Spiel eignet sich auch gut als Abschluß eines Matsch- und Wassertages. Wenn die Kinder dann alle liegen, kann man ihnen eine Geschichte vorlesen.

Ball treiben

Spieler/innen: zwei und mehr
Alter: ab 3 Jahren
Zeit: 5 Minuten
Material: ein mit schlammigem Wasser gefülltes Planschbecken, ein Tischtennisball
Ort: im Freien

Die Kinder sitzen an einer Seite des mit schlammigem Wasser gefüllten Planschbeckens und versuchen, so schnell wie möglich den Ball im Planschbecken auf die andere Seite zu treiben. Dabei machen sie mit den Händen die entsprechenden Wellenbewegungen. Wenn der Ball die andere Seite berührt hat, können die Kinder das Spiel wiederholen oder eine andere Variante des Spiels ausprobieren.

Anmerkung: Bei einer anderen Spielvariante dürfen die Kinder den Ball nur durch Pusten bewegen. Wenn er zu weit im Becken ist, können sich die Kinder mit den Händen im Wasser abstützen. Allerdings muß während der ganzen Zeit ein Fuß auf der Erde und außerhalb des Planschbeckens bleiben.

Natürlich können auch zwei Gruppen gegeneinander pusten. Dabei verhindert jede Gruppe, daß der Ball die eigene Seite berührt, versucht aber, ihn bei der anderen Gruppe an die Wand zu spielen. Bei dieser Variation dürfen keine Hände benutzt werden.

Schlammball

Spieler/innen: zwei und mehr
Alter: ab 3 Jahren
Zeit: 5 Minuten
Material: ein mit schlammigem Wasser gefülltes Planschbecken, ein Tischtennisball
Ort: im Freien

Die Kinder teilen sich in zwei gleich große Gruppen. Jeweils ein Kind aus jeder Gruppe wird zum Tor ernannt. Die beiden Tore stehen sich gegenüber. Die beiden Gruppen müssen nun den Tennisball jeweils in das gegnerische Tor treiben, ohne die Hände zu benutzen.
Ist der Ball in ein Tor geschwommen, darf das Kind im Wasser ausgewechselt werden, und ein anderes Kind kann sich als Tor ins Planschbecken stellen.

Der Goldfisch Fanglau

Spieler/innen: vier und mehr
Alter: ab 3 Jahren
Zeit: 5 Minuten
Material: ein mit schlammigem Wasser gefülltes Planschbecken
Ort: im Freien

Ein Kind legt sich ins Planschbecken. Es ist der freche Goldfisch Fanglau. Die anderen Kinder versuchen, Fanglau zu ärgern, indem sie ihn berühren. Das läßt sich Fanglau natürlich nicht gefallen. Er versucht, die Kinder zu fangen, die ihn ärgern. Wer gefangen ist, muß nun selbst anstelle von Fanglau ins Wasser und sich berühren lassen, bis er ebenfalls ein Kind fangen kann

4. Wer wirft denn da mit Lehm?

Mit Matsch werfen und klatschnaß spielen

Bei den Spielen, die in diesem Kapitel beschrieben werden, geht es sehr naß zu. Die Kinder sollten deshalb eine halbe Stunde vor der Spielaktion mit einer sehr guten Sonnenschutzcreme eingecremt werden und während der ganzen Zeit einen Sonnenhut oder eine Mütze tragen.
Für einige Spiele in diesem Kapitel werden Matschbälle oder Wasserballons gebraucht. Wasserballons sind kleine Luftballons, die mit Wasser gefüllt werden. Matschbälle können entweder aus Matsch geformt werden oder man füllt Ballons mit flüssigem Matsch. Um Wasserballons herzustellen, zieht man den Luftballon über einen Wasserhahn oder einen Wasserschlauch, hält ihn fest und dreht den Hahn auf. Bei flüssigem Matsch benötigt man dazu einen Trichter. Die gefüllten Ballons werden dann verknotet. Zu prall gefüllte Wasser- oder Matschballons platzen sehr schnell, deshalb ist es sinnvoll, nur wenig Wasser oder flüssigen Matsch einzufüllen.
Bevor die Spiele beginnen, sollten ganz viele Wasser- und Matschballons bzw. Matschbälle vorbereitet werden, damit es während des Spiels nicht so viele Unterbrechungen gibt. Mit Matschbällen oder Matschballons muß auf jeden Fall viel vorsichtiger gespielt werden, da sie schwerer als Wasserballons sind! Der Unterschied verändert auch die Spieldynamik.

Quatsch mit Matsch

Spieler/innen: zwei und mehr
Alter: ab 3 Jahren
Zeit: 5 Minuten
Material: ein Karton, Messer, Farben und Pinsel, eine Wanne
Ort: im Freien

Zunächst malen die Kinder einen großen Clown auf den Karton. Er erhält einen riesigen Mund, der ausgeschnitten wird. Der Clown wird nun an ein Wäscheseil gehängt. Hinter ihm wird eine Wanne aufgestellt.
Nun werfen die Kinder dem Clown Matsch in den Mund und versuchen, möglichst immer zu treffen. Anschließend wird der Clown auf eine schiefe Ebene gelegt, und die Kinder müssen ihn nun so schnell wie möglich mit Matsch bewerfen, bis man nichts mehr von ihm sieht.

Zielmatschen

Spieler/innen: sechs und mehr
Alter: ab 3 Jahren
Zeit: 5 Minuten
Material: Matsch, einige Eimer
Ort: im Freien

Die Kinder bilden zu zweit, höchstens zu viert, Kleingruppen. Jede Gruppe hat einen Eimer mit Matsch vor sich stehen. Vor jeder Gruppe steht in ungefähr 1,5 m Entfernung ein leerer Eimer. Die Spielleiterin gibt das Zeichen für den Start. Nun versucht jede Kleingruppe, so schnell wie möglich ganz viel Matsch in den eigenen Eimer zu werfen. Nach zwei Minuten ruft die Spielleiterin „Stopp!“. Nun wird mit einem Lineal die Matschmenge in jedem Eimer gemessen, um die Sieger festzustellen.

In die Wanne

Spieler/innen: zwei und mehr
Alter: ab 5 Jahren
Zeit: 5 Minuten
Material: für jede Gruppe je eine mit Matsch gefüllte und eine leere Wanne sowie für jedes Kind eine Dose oder ein kleiner Eimer
Ort: im Freien

Zwei oder mehr Gruppen stehen in Reihen nebeneinander. Zwischen den Kindern jeder Reihe liegt immer ein Abstand von etwa 50 cm. An einem Ende jeder Reihe steht eine mit Matsch gefüllte Wanne. Am anderen Ende steht jeweils eine leere Wanne. Das erste Kind jeder Gruppe hält eine Dose oder einen kleinen Eimer in der Hand.
Auf ein Zeichen der Spielleiterin versucht jede Gruppe, den Matsch von einer Wanne in die andere zu transportieren. Die Kinder dürfen sich den Matsch jedoch nur mit den Gefäßen zuwerfen und ihn damit auffangen. Sie dürfen nicht mit den gefüllten Dosen oder Eimern laufen.
Hat eine Gruppe den letzten Eimer Matsch in die Wanne befördert, ruft die Spielleiterin „Stopp!“, und alle anderen Kinder lassen sofort ihre Dosen oder Eimer fallen. Gewonnen hat die Gruppe, die den meisten Matsch in ihre Wanne gebracht hat.

Matschfangen

Spieler/innen: zwei und mehr
Alter: ab 5 Jahren
Zeit: 5 Minuten
Material: ein mit Matsch gefüllter kleiner Eimer
Ort: im Freien

Alle Kinder verteilen sich in einem vorher abgegrenzten Spielfeld. Zwei Kinder sind Fänger. Sie sind mit etwas Matsch gekennzeichnet. Einer der Fänger trägt einen kleinen Eimer mit Matsch.
Die Fänger können andere Kinder nur fangen, wenn sie diese mit Matsch berühren. Allerdings darf das Kind, das den Matscheimer in der Hand hat, nicht laufen. Laufen darf nur der Fänger ohne Eimer, jedoch darf dieser selbst keinen Matsch berühren. Er darf dem Fänger mit dem Matscheimer jedoch die anderen Kinder zutreiben. Gefangen ist ein Kind, wenn es mit Matsch beworfen oder beschmiert werden kann. Jedes gefangene Kind muß beim weiteren Fangen helfen. Jedes zweite gefangene Kind erhält von der Spielleiterin einen Eimer mit Matsch. Das Spiel ist zu Ende, wenn alle Kinder zu mit Matsch beschmierten Fängern geworden sind.

Matsch in Reihe

Spieler/innen: zwei und mehr
Alter: ab 3 Jahren
Zeit: 5 Minuten
Material: viele Matschballons
Ort: im Freien

Alle Kinder stehen in einer Reihe hintereinander. Die Spielleiterin gibt dem ersten Kind einen Matschballon und sagt ihm, wie es ihn weitergeben soll. Er kann beispielsweise durch die Beine, mit einer Hand, durch ein gehobenes Bein, über den Kopf weitergereicht werden.
Die Matschballons müssen immer auf die gleiche Art, wie sie erhalten werden, weitergegeben werden. Nach und nach gibt die

Spielleiterin immer mehr Matschballons mit den unterschiedlichsten Anweisungen in die Reihe. Ist ein Matschballon beim letzten Kind angekommen, gibt es diesen auf dieselbe Weise wieder nach vorn.
Bei kleineren Kindern reichen drei Matschballons, um einige Verwirrung zu stiften. Bei größeren Kinder kann man mit mehr Ballons spielen.

Fliegende Fische

Spieler/innen: zwei und mehr
Alter: ab 5 Jahren
Zeit: 5 Minuten
Material: viele Matschballons, ein Planschbecken oder eine Wanne
Ort: im Freien

Jeweils zwei Kinder spielen zusammen. Ein Kind steht hinter dem Planschbecken, ein Kind davor. Bei dem Kind hinter dem Planschbecken liegen viele Matschballons. Beide Kinder sollen gemeinsam versuchen, die Matschballons in das Planschbecken zu befördern. Es zählen aber nur die, die von beiden Kindern vor dem Eintauchen ins Wasser berührt wurden. Das Kind vor dem Planschbecken muß also versuchen, die Matschballons mit der Hand ins Wasser zu schlagen, während das andere Kind sie ihm zuwirft. Nach einiger Zeit tauschen die Kinder ihre Rollen.

Aufgepaßt!

Spieler/innen: zwei und mehr
Alter: ab 4 Jahren
Zeit: 5 Minuten
Material: viele Matschballons
Ort: im Freien

Die Kinder stehen in einem Kreis. Ein Kind steht mit einem Matschballon in der Mitte. Es ruft einen beliebigen Namen eines Kindes im Kreis und wirft den Matschballon gerade nach oben. Hat das genannte Kind den Matschballon gefangen, gibt es ihn zurück und das Kind wirft nochmals.
Kann ein gerufenes Kind den Matschballon nicht fangen oder platzt er dabei, geht es selbst mit einem neuen Matschballon in die Mitte und ruft einen neuen Namen.

Treffer

Spieler/innen: vier und mehr
Alter: ab 5 Jahren
Zeit: 5 Minuten
Material: viele Matschballons, lange Seile
Ort: im Freien

Auf einer Wiese wird mit langen Seilen ein Kreis von etwa 7 m Durchmesser gekennzeichnet. Im Kreis steht ein mutiges Kind. Die anderen Kinder stehen mit den Matschballons außerhalb des Kreises. Sie versuchen, das Kind im Kreis mit den Ballons zu treffen. Sie müssen jedoch vorsichtig werfen, da die Matschballons härter sind als Wasserballons. Dabei dürfen sie nicht in den Kreis treten und nur in Beinhöhe zielen. Ist das Kind in der Mitte getroffen worden, darf der erfolgreiche Schütze seine Stelle einnehmen und in die Mitte gehen.

Den Kaiser bedienen

Spieler/innen: vier und mehr
Alter: ab 5 Jahren
Zeit: 5 Minuten
Material: viele Wasserballons, Matsch oder nasser Sand
Ort: im Freien

Ein Kind ist der Kaiser. Es stellt sich in den feuchten Sand oder Matsch und wird von den anderen Kindern bis zu den Knien eingebuddelt. Der Kaiser darf sich fast nicht mehr bewegen können, so schwer muß der Sand auf seinen Füßen liegen. Nun stellen sich die anderen Kinder mit den Wasserballons dem Kaiser gegenüber auf. Sie nehmen zuerst nur einen Ballon und werfen ihn dem Kaiser immer wieder zu.
Der Ballon wechselt so zwischen dem Kaiser und den sich abwechselnden Kindern hin und her. Wenn eines der Kinder den Wasserballon so wirft, daß der Kaiser ihn nicht fangen kann, müssen die Kinder schnell weglaufen. Der Kaiser befreit sich in diesem Fall sofort aus dem Matsch und rennt den Kindern hinterher. Alle Kinder die er dabei fangen kann, müssen ihm helfen, die restlichen Kinder zu fangen. Das letzte Kind das gefangen wurde, darf jetzt Kaiser sein.

Menschenkegeln

Spieler/innen:	vier und mehr
Alter:	ab 5 Jahren
Zeit:	5 Minuten
Material:	viele Matschballons
Ort:	im Freien

Zwei Kinder stehen auf einer ebenen Fläche den anderen Kindern gegenüber. Sie sind die Kegel, die sich allerdings gegen das Umwerfen wehren dürfen. Die anderen Kinder rollen die Matschballons auf die Kegel zu. Wenn diese getroffen werden, fallen sie um. Werden sie aber nicht getroffen, dürfen sie den Matschballon nehmen und ihn zurückwerfen. Nach einer Weile dürfen sich zwei andere Kinder als Kegel aufstellen. Bei mehr als sechs Kindern werden drei Kegel aufgestellt, und bei zehn Kindern gibt es vier Kegel.

Hoch und nach hinten

Spieler/innen:	vier und mehr
Alter:	ab 5 Jahren
Zeit:	5 Minuten
Material:	für jedes Kind einen Sandeimer, Matsch
Ort:	im Freien

Die Kinder stellen sich in einer Reihe hintereinander auf. Das erste Kind nimmt seinen mit Matsch gefüllten Eimer über den eigenen Kopf und gießt den Matsch nach hinten in den bereitgehaltenen Eimer des zweiten Kindes der Reihe. So wird der Matsch nach hinten weitergegeben.

Anmerkung: Bei zwei Gruppen können die Gruppen gegeneinander antreten. Gewonnen hat dann die Gruppe, deren Matsch zuerst beim letzten Kind der Reihe ankommt.

Schleuderball

Spieler/innen: vier und mehr
Alter: ab 5 Jahren
Zeit: 5 Minuten
Material: viele Matschballons,
eine große Wanne,
ein oder zwei Family-Tennisschläger
Ort: im Freien

Die leere Wanne wird in etwa 5 m Abstand aufgestellt. Neben den Kindern liegen die Matschballons. Nun nimmt das erste Kind den Schläger in die Hand und legt einen Ballon darauf. Der Matschballon soll in der Wanne landen. Schafft er es, erhält das Kind einen großen Applaus. Wenn es zwei Schläger gibt, können auch zwei Kinder gleichzeitig ihr Glück versuchen.

Vorsicht Matsch!

Spieler/innen: zwei und mehr
Alter: ab 3 Jahren
Zeit: 5 Minuten
Material: viele Matschballons
Ort: im Freien

Alle Kinder stehen in einem Kreis soweit voneinander entfernt, daß sich bei ausgestreckten Armen die Fingerspitzen der nebeneinander stehenden Kinder gerade noch berühren können. Das erste Kind erhält einen Matschballon, der dann der Reihe nach von einem Kind zum anderen im Kreis herum geworfen wird. Nach und nach werden dann immer mehr Matschballons ins Spiel gegeben, und es sollte möglichst keiner beim Werfen herunterfallen.
Wenn die Kinder wollen, können sie die Matschballons auch mit den Füßen weitergeben.

In den Reifen werfen

Spieler/innen: drei und mehr
Alter: ab 5 Jahren
Zeit: 5 Minuten
Material: viele Matschballons, ein Gymnastikreifen
Ort: im Freien

Jeweils drei Kinder spielen zusammen. Ein Kind steht in der Mitte und hält einen Gymnastikreifen hoch. Die Kinder, die außen stehen, versuchen nun, sich gegenseitig einen Matschballon so zuzuwerfen, daß er durch den Reifen fliegt. Trifft ein Kind nicht durch den Reifen oder kann es den Matschballon nicht fangen, löst es das Kind mit dem Reifen ab. Man kann das Spiel dadurch erschweren, daß die Kinder jedesmal einen Schritt weiter vom Reifen weggehen müssen, wenn sie den Matschballon gefangen haben.

5. Das Matschkarussell dreht sich schnell

Transportspiele mit Matsch

Bei den Transportspielen soll der Matsch in verschiedenen Gefäßen von einem Ort zu einem anderen gebracht werden. Das soll einerseits schnell gehen und andererseits soll dabei möglichst kein Matsch verschüttet werden. Hier werden Konzentration und Gleichgewicht spielerisch eingeübt.
Im Matschkarussel können alle möglichen Behälter gebraucht werden. Hier sind die Sandsachen ebenso gefragt wie der Waschzuber aus Großmutters Zeit oder Dosen und Becher.
Einige der Spiele finden auf sehr matschigen Hindernisparcours statt. Hier sollte darauf geachtet werden, daß sich die Kinder vorsichtig und nicht zu schnell bewegen, damit sie nicht ausrutschen!

Matschparcours

Spieler/innen: zwei und mehr
Alter: ab 4 Jahren
Zeit: 30 Minuten
Material: Wannen und Zuber oder Plastikfolie, Steine und Latten, verschiedene Materialien wie Matsch, Sand, Heu, Wasser und so weiter
Ort: im Freien

Für einen Parcours braucht man viel Platz. Er sollte mindestens 10 m lang sein. Diese 10 m können beispielsweise mit einer Folie ausgelegt werden, die an der Seite über Steine oder Bierkisten geschlagen wird. Mit Latten können nun unterschiedliche Bereiche gegeneinander abgegrenzt werden. Man kann auch Wannen und Zuber, Planschbecken und andere große Behälter in einigem Abstand zueinander aufstellen. Einige Wannen und Zuber können auch auf Tische gestellt werden. Die einzelnen Bereiche oder die Wannen werden nun mit den unterschiedlichsten Materialien gefüllt. Man kann dafür Wasser mit Sägespäne vermischen, damit es sich wie ein Sumpf anfühlt. Sand kann mit viel Wasser vermischt sein und aufwirbeln, wenn man darauf tritt. In Wasser gelegtes Heu vermittelt ein „quatschiges" Gefühl, wenn man darüber läuft. In Wasser aufgelöster Lehm oder Ton ergibt eine zähe Masse, die an den Beinen klebt. Man kann die Wannen auch mit trockenem Kies, mit Sand oder anderen Materialien, wie beispielsweise Wasser mit Eiswürfeln, füllen. Der so entstandene Hindernisparcours läßt sich für viele Spiele verwenden und eignet sich besonders für große Sommerfeste.

Hindernisse I

Spieler/innen: zwei und mehr
Alter: ab 3 Jahren
Zeit: 5 Minuten
Material: leere Konservendosen, verschiedene, zum Teil mit Matsch gefüllte, Wannen und Zuber zum Aufbau eines Hindernisparcours
Ort: im Freien

Zunächst wird aus wenigen, teilweise mit Matsch gefüllten, Hindernissen ein nicht zu schwer begehbarer Parcours aufgebaut. Diese Hindernisse können Tische sein, auf denen Wassereimer stehen, eine mit Matsch gefüllte Wanne, eine mit Farbe eingeschmierte Folie und so weiter. Jeweils zwei Kinder spielen gemeinsam. Ein Kind hält eine mit Wasser gefüllte Dose in der Hand und schließt die Augen. Nun läuft es auf Anweisung seines Partners über den Parcours und versucht, dabei so wenig Wasser wie möglich zu verschütten.

Anmerkung: Die Spiele über einen Hindernisparcours können auch als Staffel in zwei Gruppen gespielt werden. Für die Kinder bedeutet das aber nicht unbedingt mehr Spielspaß, so daß man hier auch auf Konkurrenzspiele verzichten kann.

Hindernisse II

Spieler/innen: zwei und mehr
Alter: ab 5 Jahren
Zeit: 5 Minuten
Material: ein Tablett, auf dem acht mit Wasser gefüllte Becher stehen, verschiedene, teilweise mit Matsch gefüllte, Hindernisse, um einen Parcours aufzubauen
Ort: im Freien

Das Kind, das zuerst an der Reihe ist, erhält ein großes Tablett, auf dem mehrere mit Wasser gefüllte Becher stehen. Nun versucht es, den Parcours zu durchlaufen, ohne dabei die Becher umfallen zu lassen. Dabei darf es das Tablett nicht abstellen, um etwa auf einen Tisch zu klettern, der im Weg steht, oder ähnliches.

Hindernisse III

Spieler/innen: zwei und mehr
Alter: ab 3 Jahren
Zeit: 5 Minuten
Material: leere Konservendosen, verschiedene, teilweise mit Matsch gefüllte, Gegenstände, um zwei Hindernisparcours aufzubauen
Ort: im Freien

Zunächst werden zwei identische Hindernisparcours aufgebaut. Die Kinder teilen sich in zwei Gruppen. Die Kinder jeder Gruppe versuchen nacheinander, möglichst schnell die parallel aufgebauten Parcours zu überwinden. Wenn nur ein Parcours zur Verfügung steht, kann die Zeit, die die einzelnen Gruppen für den Durchlauf benötigen, mit einer Stoppuhr gemessen werden.
Die ersten Kinder jeder Gruppe tragen eine mit Wasser gefüllte Dose, Flasche oder einen Becher auf dem Kopf. Sie dürfen die Dose mit den Händen festhalten. Auf ein Zeichen der Spielleiterin rennen sie los. Sie springen beispielsweise über einen Ball und ziehen sich nach 2 m eine Jacke an. Dann laufen sie durch eine Wanne mit Matsch. Nach weiteren 5 m klettern sie über einen Tisch, drehen sich um und kriechen unter dem Tisch zurück, laufen wieder durch die mit Matsch gefüllte Wanne, ziehen die Jacke wieder aus und rennen ganz schnell zu den Kindern aus ihrer Gruppe zurück. Dort überreichen sie dem zweiten Kind die Dose, das sie sofort auf seinen Kopf stellt und losrennt. Verliert ein Kind während seiner Runde das Wasser aus seiner Dose, muß es zurück zum Start, die Dose aus einem Wassereimer wieder auffüllen und den Parcours noch einmal durchlaufen.
Wenn alle Kinder einer Gruppe einmal an der Reihe waren, ist das Spiel zu Ende. Die Gruppe, die zuerst fertig ist, ist Sieger.

Gefesselt und geklemmt

Spieler/innen: zwei und mehr
Alter: ab 4 Jahren
Zeit: 5 Minuten
Material: viele Wasserballons, ein Gürtel oder ein dickes Seil, ein Parcours aus verschiedenen, teilweise mit Matsch gefüllten, Gegenständen
Ort: im Freien

Zu Beginn wird eine Hindernisstrecke aus verschiedenen, teilweise mit Matsch gefüllten, Gegenständen oder auch aus Sand- und Erdhügeln aufgebaut. Dann werden die beiden Füße der Kinder jeweils mit einem Gürtel oder einer dicken Schnur am Knöchel zusammengebunden. Sie sollten dabei einen Bewegungsspielraum von etwa 10 cm haben. Jedes Kind erhält einen Wasserballon und soll damit die Strecke überwinden. Es muß den Wasserballon die ganze Zeit in den Händen halten. Wenn ein Wasserballon beim Durchlaufen des Parcours platzt, bekommt das betreffende Kind einen neuen und versucht den Durchgang noch einmal.

Anmerkung: Bei kleinen Kindern reichen ein bis zwei sehr kleine Erd- oder Sandhügel als Parcours.

Aneinandergekettet

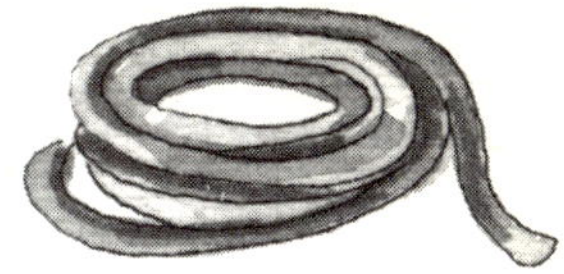

Spieler/innen: zwei und mehr
Alter: ab 5 Jahren
Zeit: 5 Minuten
Material: viele Wasserballons, ein Gürtel oder ein dickes Seil, ein wasser- und matschreicher Hindernisparcours
Ort: im Freien

Zunächst wird ein wasser- und matschreicher Hindernisparcours aufgebaut. Dann werden jeweils zwei oder drei Kinder an den Füßen mit dem linken oder/und dem rechten Nachbarn an den Knöcheln möglichst eng zusammengebunden. Jedes Kind erhält einen Wasserballon. Die kleinen Gruppen sollen so schnell wie möglich eine bestimmte Strecke überwinden. Wer seinen Wasserballon fallen läßt, kann ihn einfach wieder aufheben. Wenn er allerdings platzt, muß die ganze Gruppe zurück und sich einen neuen Ballon holen.

Mit Stirn und Po

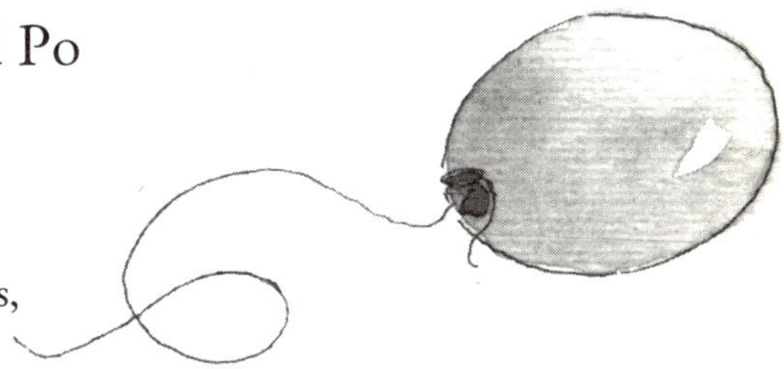

Spieler/innen: zwei und mehr
Alter: ab 4 Jahren
Zeit: 5 Minuten
Material: viele Wasserballons, ein wasser- und matschreicher Parcours
Ort: im Freien

Zu Beginn wird ein wasser- und matschreicher Parcours aufgebaut. Jeweils zwei Kinder haben zusammen einen Wasserballon. Je nach Anweisungen der Spielleiterin halten die Kinder die zwei Wasserballons mit bestimmten Körperteilen zwischen sich fest und versuchen, ohne daß die Wasserballons herunterfallen, ein Stück durch den Parcours zu gehen, bis sie eine neue Anweisung erhalten.
Um die Wasserballons zwischen sich festzuklemmen, kann man die Hände, die Oberschenkel, die Schultern, die Stirn, den Po und so weiter benutzen.

Matsch marsch!

Spieler/innen: zwei und mehr
Alter: ab 4 Jahren
Zeit: 5 Minuten
Material: Matsch, für jedes Kind einen Teller
Ort: im Freien

Jeweils zwei Kinder stehen sich gegenüber. Ein Kind erhält den Matschball und versucht, ihn auf den Teller des anderen Kindes zu werfen. Dieses muß den Matsch mit seinem Teller auffangen. So werfen sie den Matsch hin und her, bis er hinunterfällt.

Anmerkung: Bei mehr als zwei Kindern kann man daraus Wettbewerbe wie beim Federballspiel veranstalten. Die Paare, die die höchste Trefferzahl erreichen, haben gewonnen.

Wandernde Dosen

Spieler/innen: zwei und mehr
Alter: ab 3 Jahren
Zeit: 5 Minuten
Material: viele mit Matsch gefüllte Becher und Dosen
Ort: im Freien

Alle Kinder sitzen im Kreis. Die Spielleiterin gibt einem Kind eine mit Matsch gefüllte Dose zwischen die Füße. Diese wird mit den Füßen an das nächste Kind weitergereicht, ohne den Matsch dabei zu verschütten. Ist die Dose erfolgreich von ein paar Kindern mit den Füßen entgegengenommen und weitergereicht worden, gibt die Spielleiterin zusätzlich einen mit Matsch gefüllten Becher in den Kreis. Danach können noch weitere geeignete Gegenstände in den Kreis gegeben werden.
Wenn das Weitergeben gut klappt, werden die Gefäße wieder auf zwei reduziert. Nun versuchen die Kinder, den Becher mit der Dose zu fangen. Die Dose wird, ohne dabei die Richtung zu wechseln, so schnell weitergegeben, daß sie den Becher einholt. Die Kinder, die den Becher gerade in der Hand halten, müssen diesen schnell wie möglich weitergeben, damit er nicht bei ihnen

gefangen wird. Wenn der Becher gefangen wird, ist die Runde zu Ende. Becher und Dosen können in diesem Spiel auch die Richtung wechseln.

Wasserball treiben

Spieler/innen: sechs und mehr
Alter: ab 4 Jahren
Zeit: 5 Minuten
Material: viele mit Wasser gefüllte Becher, für jede Gruppe einen Wasserball und Wannen oder Eimer mit viel Wasser, ein matschreicher Hindernisparcours
Ort: im Freien

Zunächst wird ein matschreicher Hindernisparcours aufgebaut. Dann stellen sich die Kinder in zwei bis drei Gruppen jeweils in einer Linie auf und halten einen Becher in der Hand. Die Gruppen sollen nun mit Hilfe des Wassers in den Bechern den Wasserball über eine matschige Strecke von etwa 10 m treiben, ohne ihn mit dem Körper zu berühren.
Zunächst werden die Becher jeder Gruppe aus den bereitstehenden Wannen oder Eimern mit Wasser gefüllt. Dann gibt die Spielleiterin ein Zeichen, worauf alle beginnen, das Wasser aus ihren Bechern zu schütten, um damit den Ball anzutreiben.
Wenn die Kinder raffiniert sind, bilden sie eine Kette, um bei Wassermangel in den Bechern schnell für Nachschub sorgen zu können. Sie sollten den Ball immer in Bewegung halten, indem sie ständig Wasser auf ihn gießen. Die Gruppe, die ihren Ball als erste über der Ziellinie hat, ist Sieger. Sie kann den anderen Gruppen helfen, ihre Bälle ebenfalls ins Ziel zu treiben.

Matsch werfen

Spieler/innen: sechs und mehr
Alter: ab 4 Jahren
Zeit: 5 Minuten
Material: für jedes Kind einen Becher, für jede Gruppe einen mit dünnflüssigem Matsch gefüllten Eimer und eine Wanne
Ort: im Freien

Die Kinder teilen sich in mehrere, ungefähr gleich große Gruppen auf. Vor jeder Gruppe steht in einer Entfernung von mindestens 1 m eine leere Wanne. Außerdem hält jedes Kind einen Becher in der Hand. Vor den Kindern steht ein Eimer mit dünnflüssigem Matsch.
Auf ein gemeinsames Startzeichen versuchen die Gruppen von ihrem Platz aus, innerhalb einer vorher bestimmten Zeitspanne soviel Matsch wie möglich in die Wanne zu schütten. Die Kinder füllen ihren Becher im bereitstehenden Eimer und werfen den Matsch über die Entfernung in ihre Wanne.
Ist die Zeit abgelaufen, ruft die Spielleiterin „Stopp!“, und alle Kinder leeren ihre Becher am Platz aus. Mit einem Lineal können die Kinder nun messen, welche Gruppe am meisten Matsch in ihre Wanne geschüttet hat.

Flaschenwurf

Spieler/innen: zwei und mehr
Alter: ab 3 Jahren
Zeit: 5 Minuten
Material: zehn Flaschen, ein Matschball
Ort: im Freien

Etwa 2 m von den Kindern entfernt werden zehn Flaschen eng zusammengestellt. Eine der Flaschen ist mit Wasser gefüllt. Nach und nach darf nun jedes Kind versuchen, die Flaschen mit Hilfe eines vorher bereitgelegten Matschballs umzuwerfen. Aber nur wer es schafft, die mit Wasser gefüllte Flasche umzuwerfen, erhält Pluspunkte entsprechend der Anzahl aller umgefallenen Flaschen.
Bei älteren Kinder können auch nur die Würfe gezählt werden, bei denen die gefüllte Flasche stehen bleibt.

Berg und Tal

Spieler/innen: sechs und mehr
Alter: ab 3 Jahren
Zeit: 5 Minuten
Material: viele mit Wasser und Matsch gefüllte Behälter
Ort: im Freien

Die Kinder und die Spielleiterin stehen in einem Kreis. Sie schauen alle in die gleiche Richtung und dem vor ihnen stehenden Kind auf den Rücken. Die Spielleiterin nimmt einen mit dünnflüssigem Matsch gefüllten Behälter und reicht ihn durch die Füße nach hinten weiter. Dann nimmt sie einen zweiten und gibt ihn über den Kopf nach hinten weiter, einen dritten nimmt sie und reicht ihn seitlich nach hinten und so weiter. Die Gefäße müssen jeweils so weitergereicht werden, wie die Kinder sie erhalten. Nach und nach kommen immer mehr Behälter ins Spiel. Auch ein plötzlicher Richtungswechsel eines Behälters ist möglich.

Foliante

Spieler/innen: zwei und mehr
Alter: ab 5 Jahren
Zeit: 5 Minuten
Material: eine Plastikfolie (1x0,8 m), ein Eimer, ein mit Wasser gefülltes Planschbecken oder eine Wanne, ein matschreicher Hindernisparcours
Ort: im Freien

Zunächst wird ein matschreicher Parcours vorbereitet. An einem Ende des Parcours steht ein mit Wasser gefülltes Planschbecken oder eine Wanne, am anderen Ende befindet sich ein leerer Eimer. Die Kinder teilen sich jeweils zu viert in mehrere Gruppen auf. Die erste Gruppe beginnt. Die Kinder halten ihre Folie an allen vier Ecken fest und tauchen sie einmal ins gefüllte Planschbecken oder in die Wanne. Nun laufen sie die abgesteckte Strecke entlang und versuchen, dabei möglichst wenig Wasser zu verlieren. Am Ende der Strecke steht ein Eimer, in den die Kinder das Wasser hineinschütten sollen. Nach etwa fünf Minuten ruft die Spielleiterin „Stopp!“, und die Kinder können mit einem Lineal messen, wieviel Wasser jetzt im Eimer ist. Das Meßergebnis wird notiert. Dann wird das Wasser wieder aus dem Eimer geschüttet, und die nächste Gruppe ist an der Reihe. Am Schluß werden die Ergebnisse verglichen.

Sommerrutschbahn

Spieler/innen: zwei und mehr
Alter: ab 3 Jahren
Zeit: 25 Minuten
Material: eine große Teichfolie oder eine andere stabile Folie am Stück, Matsch
Ort: im Freien

Auf einem Wiesenstück wird eine mindestens 4x5 m große Folie ausgelegt. Sie wird von den Kindern mit einer dicken Matschschicht bestrichen. Nun können sie auf den Füßen, mit dem Po oder auf einer Plastiktüte sitzend über die Folie schlittern. Nur die Schuhe müssen sie vorher ausziehen, dann rutscht es besser, und außerdem geht die Folie nicht so schnell kaputt.
Natürlich können auch hier Behälter mit Wasser im Wettlauf transportiert werden, oder es läßt sich gar ein Parcours aufbauen. Dabei muß aber unbedingt darauf geachtet werden, daß nur eine begrenzte Zahl an Kindern gleichzeitig rutschen darf, damit keine Verletzungsgefahr besteht.

Anmerkung: Das Spiel kann auch mit einer mit Seifenlauge bestrichenen Folie gespielt werden.

Gruselweg

Spieler/innen: zwei und mehr
Alter: ab 3 Jahren
Zeit: 10 Minuten
Material: Matschparcours aus verschiedenen, teilweise mit Matsch gefüllten Hindernissen
Ort: im Freien

Zunächst wird ein Matschparcours aufgebaut. Jeweils zwei Kinder spielen zusammen. Das erste Kind jedes Paares schließt die Augen und wird von seinem Partner vorsichtig durch den Parcours geführt. Das blinde Kind kann dabei auch versuchen, zu erraten, in welcher Wanne es gerade steht. Wenn das blinde Kind durch alle Materialien durchgeführt worden ist, tauschen die beiden Kinder ihre Rollen.

Los Pferdchen lauf!

Spieler/innen: vier und mehr
Alter: ab 4 Jahren
Zeit: 10 Minuten
Material: ein Matschparcours aus mit Matsch gefüllten Hindernissen, vier Sandeimer
Ort: im Freien

In diesem Spiel spielt immer ein Erwachsener oder Jugendlicher mit einem Kind. Die Paare stellen sich in zwei gleich großen Reihen nebeneinander auf. Die beiden ersten Kinder setzen sich auf die gebeugten Rücken ihrer Erwachsenen und erhalten je zwei mit Matsch gefüllten Sandeimer, die sie mit den Händen festhalten. Auf ein Startzeichen der Spielleiterin laufen die Erwachsenen einmal durch den Parcours und wieder zurück. Am Start werden die Matscheimer wieder aufgefüllt und das nächste Paar rennt los. Die Gruppe, deren Paare den Parcours zuerst durchlaufen haben, hat gewonnen.

Kuhmist

Spieler/innen: zwei und mehr
Alter: ab 4 Jahren
Zeit: 30 Minuten
Material: ein Matschparcours aus verschiedenen, mit Matsch gefüllten Hindernissen
Ort: im Freien

Die Kinder stellen sich in zwei Reihen auf. Der Parcours muß so schnell wie möglich auf allen vieren durchquert werden. Wenn der Parcours durchlaufen ist, geht das betreffende Kind um ihn herum zurück und berührt das nächste Kind, das dann loskrabbeln darf. Die Gruppe, deren Mitglieder als erstes alle einmal durch den Parcours und zurück gelaufen sind, hat gewonnen.

Eimer, Eimer, du mußt wandern

Spieler/innen: vier und mehr
Alter: ab 6 Jahren
Zeit: 5 Minuten
Material: einen Eimer mehr, als Kinder mitspielen
Ort: im Freien

Die Kinder sollen eine mindestens 10 m lange Strecke gemeinsam überwinden. Der Start und das Ziel können mit einem Pullover, Steinen oder einer Sandspur gekennzeichnet werden.
Alle Eimer werden randvoll mit flüssigem Matsch gefüllt. Die Kinder dürfen keinen Fuß mehr direkt auf die Erde setzen, sobald sie die Startlinie überschritten haben. Sie können nur von einem Eimer in den anderen Eimer steigen. Sie müssen dabei jeweils den freien Eimer von hinten nach vorn weiterreichen, damit das erste Kind vorwärts kommen kann. Die anderen Kinder rücken dann jeweils auf. Am Ende der Reihe wird damit wieder ein Eimer frei, der nach vorn gegeben werden kann. Eimer, die umfallen und leer sind, werden aus dem Spiel genommen.

Matsch sieben

Spieler/innen: vier und mehr
Alter: ab 3 Jahren
Zeit: 5 Minuten
Material: Matsch, zwei Sandsiebe, vier große Eimer
Ort: im Freien

Die Kinder teilen sich in zwei Gruppen und stellen sich in zwei Reihen hintereinander auf. Es gibt eine Start- und etwa 10 m weiter eine Ziellinie. Zwei der mit Matsch gefüllten Eimer stehen an der Ziellinie. Die beiden leeren Eimer befinden sich vor den ersten beiden Kindern an der Startlinie. Diese rennen auf ein gemeinsames Zeichen los und füllen ihr Sieb mit dem Matsch. Wenn sie wieder an der Startlinie angekommen sind, leeren sie den Matsch in ihren dort stehenden Eimer und geben ihr Sieb jeweils an das nächste Kind der eigenen Reihe weiter. Dieses läuft sofort los und holt neuen Matsch. Die Gruppe, deren im Ziel stehender Eimer zuerst leer ist, hat gewonnen.

Stabtransport

Spieler/innen: zwei und mehr
Alter: ab 3 Jahren
Zeit: 5 Minuten
Material: für jedes Kind einen Stock, für jeweils zwei Kinder einen Matschballon
Ort: im Freien

Jeweils zwei Kinder stehen sich gegenüber und halten zwei Stöcke zwischen sich. Auf die parallel liegenden Stöcke wird ein Luftballon gelegt, der mit Sand und Wasser gefüllt wurde. Dieser Matschballon muß über das Spielgelände balanciert werden.

Anmerkung: Man kann auch mehrere Gruppen gegeneinander antreten lassen. Man kann auch Vierergruppen bilden, wobei jeweils ein Paar einem anderen den Matschballon zuwirft, den dieses dann mit den Stöcken auffangen muß.

Balanceakt

Spieler/innen: zwei und mehr
Alter: ab 3 Jahren
Zeit: 5 Minuten
Material: zwei Family-Tennisschläger, zwei Joghurtbecher, Matsch
Ort: im Freien

Die Kinder teilen sich in zwei Gruppen und stellen sich hintereinander auf. Die beiden ersten Kinder nehmen die Schläger und stellen die mit Matsch gefüllten Becher auf die Schläger. Nun sollen sie, je nach Alter, zwischen 5 und 10 m weit laufen und dabei den Becher nicht umfallen lassen. Wenn er kippt, müssen sie zurück an den Start und von vorn beginnen. Haben sie aber den Hin- und Rückweg geschafft, können sie die Schläger an das nächste Kind weitergeben, das nun seinerseits losläuft. Die Gruppe, die zuerst fertig ist, hat gewonnen.

Um die Wette

Spieler/innen: acht und mehr
Alter: ab 3 Jahren
Zeit: 10 Minuten
Material: viele Matschballons
Ort: im Freien

Die Kinder stehen in einem großen Kreis. Ein Kind beginnt, indem es seinem Nachbarn einen Matschballon in die Hand gibt und um den Kreis läuft, so schnell es kann. Die Kinder im Kreis geben den Matschballon ebenfalls, so schnell sie können, weiter. Erreicht das laufende Kind seinen Platz, bevor der Matschballon wieder bei dem ersten Kind angekommen ist, muß das Kind, welches den Ball gerade in der Hand hält, den Ballon weitergeben und sofort loslaufen. Haben die Kinder den Matschballon aber schneller transportiert, als der Läufer laufen konnte, muß der Läufer es noch einmal versuchen.
Dabei muß jedes Kind den Matschballon in der Hand gehabt haben, er darf also nicht durch den Kreis geworfen werden. Wenn

der Matschballon bei einem Kind kaputtgeht, wird dieses automatisch zum Läufer, und der Kreis erhält einen neuen Matschballon.

Regenmusik

Spieler/innen: zwei und mehr
Alter: ab 3 Jahren
Zeit: 10 Minuten
Material: ein Wasserschlauch
Ort: im Freien

Dieses Spiel kann als Abschluß einer Matsch- und Farbspielaktion gespielt werden.
Alle Kinder legen sich auf den Boden. Die Spielleiterin nimmt den Wasserschlauch und läßt das Wasser auf verschiedene Gegenstände prasseln. Die Kinder haben die Augen geschlossen und versuchen zu erraten, welchen Gegenstand das Wasser gerade trifft. Die Spielleiterin kann mit den Händen die Stärke des

Wasserstrahls regulieren und somit schwachen und starken Regen erzeugen. Das Wasser kann rieseln, regnen und prasseln. Es gibt Sträucher, Hauswände, Baumstämme, Planschbecken, Plastik- und Blecheimer und vieles mehr, das man beregnen kann. Zum Schluß kann die Spielleiterin die Kinder mit einem sanften Regenguß erfreuen. Allerdings müssen die Kinder vorgewarnt werden, damit sie nicht erschrecken.

6. Naß wird nur der große Zeh'

Spiele am Wasser

Spiele, die am Wasser stattfinden, eignen sich sehr gut dazu, die Kleinen immer wieder aus dem Wasser zu locken, damit sie sich ein bißchen aufwärmen können. Die Nähe des Wassers bietet sehr matschige Spielflächen. Der Uferbereich eines Sees besteht zum Beispiel oft aus Matsch, feuchtem Sand oder auch lehmhaltigem Boden.
Die Spielleiterin muß die Kinder bei Spielen am Ufer eines Sees oder Bachs immer im Auge behalten. Es kommt immer wieder vor, daß ein Kind, das sich gerade die Schwimmflügel ausgezogen hat, noch schnell etwas aus dem Wasser holen will. Bei mehr als fünf Kindern muß immer eine zweite erwachsene Person dabeisein, die nur darauf achtet, daß die Kinder nicht in gefährliche Situationen geraten, und bei Gefahr entsprechend schnell eingreifen kann.

Die Schildkröten

Spieler/innen: fünf und mehr
Alter: ab 5 Jahren
Zeit: 10 Minuten
Material: ein paar Schwimmflossen
Ort: im Freien

Ein Kind ist der Schildkrötenfänger. Es hat die Schwimmflossen an und steht am Ufer. Die anderen Kinder halten sich in ungefähr 10 m Abstand vom Wasser am Ufer auf. Sie sind frisch geschlüpfte Wasserschildkröten, die ihrem Instinkt folgend ins Wasser wollen. Dazu kriechen sie wie die Schildkröten auf allen vieren über das schlammige Ufer. Auf dem Weg zum Wasser kommt ihnen allerdings der Schildkrötenfänger in die Quere. Er versucht, möglichst viele Schildkröten auf dem Weg ins Wasser zu fangen. Gefangene Schildkröten bleiben einfach an Ort und Stelle liegen und beobachten das Gerangel der anderen. Haben die Schildkröten auch nur einen Finger in das Wasser gehalten, können sie nicht mehr gefangen werden. In der nächsten Runde wird ein anderes Kind Schildkrötenfänger.

Matschstaffel zu Fuß

Spieler/innen: vier und mehr
Alter: ab 4 Jahren
Zeit: 5 Minuten
Material: ein leerer und ein mit Matsch gefüllter Eimer, für jedes Kind eine Dose
Ort: im Freien

Die Kinder sitzen in einer Reihe nebeneinander. Jedes Kind, außer dem ersten, hält eine Dose oder einen Becher zwischen den Füßen fest. Neben dem letzten Kind der Reihe steht der leere Eimer. Das erste Kind in der Reihe hat den mit dünnflüssigem Matsch gefüllten Eimer neben sich stehen. Es füllt seinen Becher mit dem Matsch aus dem Eimer und nimmt ihn zwischen die Füße. Es muß nun versuchen, den Matsch mit den Füßen in die Dose seines Nachbarn zu gießen. Dieses Kind füllt den

Matsch in die Dose des nächsten und so weiter. Das letzte Kind schüttet den restlichen Matsch in den neben ihm stehenden leeren Eimer. Wenn man den Matschstand des ersten gefüllten Eimers zu Beginn markiert hat, kann man nun überprüfen, wieviel Matsch unterwegs verloren gegangen ist.

Anmerkung: Wenn mehr als sechs Kinder mitspielen, können die Kinder in zwei Gruppen aufgeteilt gegeneinander spielen. Die Gruppe, die mehr Matsch in ihren leeren Eimer gebracht hat, ist dann Sieger.

Die goldene Mitte

Spieler/innen: zwei und mehr
Alter: ab 3 Jahren
Zeit: 5 Minuten
Material: keines
Ort: am Wasser, am Strand oder im Sandkasten, im schlammigen Uferbereich oder im nassen Sand

Die Kinder zeichnen mit einem Stock einen ungefähr 5 m großen Kreis in den Sand. Das erste Kind steht am Rand des Kreises und schließt die Augen. Mit geschlossenen Augen läuft es nun barfuß in den Kreis und bleibt an der Stelle stehen, von der es glaubt, daß sie die Mitte des Kreises ist. Diese Stelle wird gekennzeichnet, und das nächste Kind kann sein Glück versuchen.
Besonders lustig ist es, wenn die Kinder gleichzeitig loslaufen. Dabei müssen sie langsam und vorsichtig gehen, um sich nicht gegenseitig zu schubsen. In der Mitte tummeln sich dann alle Kinder, und es wird schwer sein, herauszufinden, wer denn nun genau in der Mitte steht.

Zielsteine

Spieler/innen: zwei und mehr
Alter: ab 4 Jahren
Zeit: 5 Minuten
Material: fünf große, mit dünnflüssigem Matsch gefüllte Konservendosen, für jedes Kind einen walnußgroßen Stein, zwanzig kleine Kiesel
Ort: am Wasser

Die großen, mit dünnflüssigem Matsch gefüllten Konservendosen werden auf den Boden gestellt. Um sie herum wird Erde oder Sand aufgeschüttet, damit sie fest stehen. Vor jede Dose werden fünf Kiesel gelegt. Ein Stock markiert die Linie, von der aus die Kinder ihre Steine werfen. Die Entfernung wird vorher abgesprochen. Nun versuchen die Kinder der Reihe nach, mit ihrem Stein in eine der Dosen zu treffen. Bei jedem Treffer spritzt dann der Matsch. Wer mit seinem Stein in eine Dose trifft, darf sich einen davor liegenden Kiesel nehmen. Liegt vor einer Dose kein Kiesel mehr, kann das Kind, welches in diese Dose getroffen hat, auch keinen Kiesel mehr erhalten. Wer am Schluß die meisten Kiesel besitzt, ist Sieger.

Wasserkanal

Spieler/innen: zwei und mehr
Alter: ab 3 Jahren
Zeit: 30 Minuten
Material: eine aus alten Plastiktüten oder Müllsäcken bestehende Plastikfolie, verschiedene Boote, Gummienten und so weiter
Ort: im Freien, am Strand oder im Sandkasten

Die Kinder heben mit Schaufeln einen Graben aus, der mindestens 10 m lang sein oder im Kreis verlaufen sollte. Er muß 20 cm tief und 30 cm breit sein. Der Kanal wird mit der Plastikfolie ausgelegt. Nun wird Wasser in den Kanal gegossen. Die Kinder können an zwei Seiten Wasser hineingießen und zusehen, wie das Wasser aufeinander zu fließt. Sie benötigen allerdings sehr viel Wasser, da ein Teil vom Sand oder der Erde aufgesogen wird.

Die Kinder können nun ohne Spielanleitung mit dem Kanal und ihren schwimmenden Gegenständen spielen und ausprobieren, was man damit alles machen kann.
Sie können auch ein Kanalwettrennen veranstalten. Dazu sucht sich jedes Kind ein schwimmendes Spielzeug aus. Mit einer Stoppuhr wird die Zeit gemessen. Das erste Kind setzt eine Gummiente ins Wasser. Wenn die Spielleiterin ein Zeichen gibt, bewegen alle Kinder gemeinsam das Wasser mit den Händen in dieselbe Richtung. Kommt die Ente am anderen Ende an, oder ist sie einmal um den Kreis geschwommen, wird die Zeit gestoppt, und das nächste Kind kann sein Spielzeug ins Wasser setzen. Am Schluß werden die Zeiten verglichen, die die einzelnen Spielzeuge gebraucht haben. Man kann die Spielzeuge, wie beispielsweise kleine Boote, auch gleichzeitig starten lassen und sehen, welches zuerst ankommt.

Wasserrad

Spieler/innen: zwei und mehr
Alter: ab 5 Jahren
Zeit: 15 Minuten
Material: zwei Holzbrettchen (30x10x1 cm), Bambusstöcke (0,5 cm Durchmesser), eine Laubsäge, zwei Astgabeln, eine Schnur, ein im Sandkasten oder auf einer Erdfläche eingegrabener mit Wasser gefüllter Kanal
Ort: im Freien

Zunächst graben die Kinder in den Sand oder die Erde einen Kanal und füllen ihn mit viel Wasser. Für den Bau eines Wasserrads benötigen die Kinder die Hilfe eines Erwachsenen. Zwei Brettchen (30x10x1 cm) werden genau in der Mitte der Breitseite eingesägt. Der Schnitt muß so tief und so breit sein, daß sie ein gleichmäßiges Kreuz bilden, wenn man sie zusammensteckt. Die beiden Brettchen werden mit einer Schnur so zusammengebunden, daß sie nicht mehr auseinanderrutschen können. An den beiden einander gegenüberliegenden Innenseiten des Kreuzes werden nun die Bambusstöcke angebunden. Sie werden so angebracht, daß sie das Wasserrad mitbewegen, wenn sie gedreht werden. Die beiden Astgabeln werden links und rechts vom Kanal, der im vorigen Spiel beschrieben ist, in den Sand gesteckt. Das Wasserrad wird mit den Bambusstöcken in die Gabeln gelegt. Ein kleiner Stock, der mit einer Schnur am Wasserrad festgebunden wird, dient als Kurbel. Indem das Wasserrad gedreht wird, können das Wasser im Kanal sowie die schwimmenden Boote in Schwung gebracht werden.

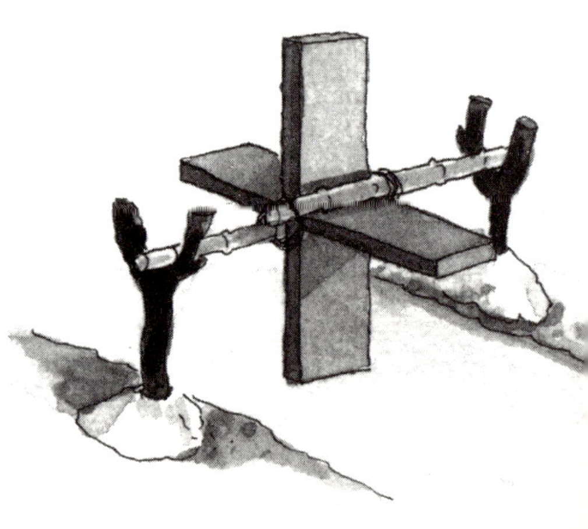

Rasende Bretter

Spieler/innen:	sechs und mehr
Alter:	ab 5 Jahren
Zeit:	5 Minuten
Material:	für jedes Kind ein Brett (etwa 15x15x3 cm) ein Holzstäbchen (etwa 2x3 cm), zwei Nägel, viele Gummiringe, ein Hammer
Ort:	im Freien

Zunächst wird ein Kanal in den Sand oder die Erde gegraben und mit viel Wasser gefüllt. In einem Abstand von 3 cm werden die Nägel in die Seitenkante der Bretter geschlagen. Dann wird jeweils ein Gummi straff um die Nägel gewickelt. Um den Gummi richtig straff zu spannen, muß er mit dem Holzstäbchen aufgewickelt werden. Dann wird das Brett in das Wasser gesetzt. Das Zurückdrehen des Holzstäbchens bewirkt eine selbständige Bewegung des Brettchens. Die Bretter können im selbstgebauten Wasserkanal um die Wette fahren oder etwas transportieren.

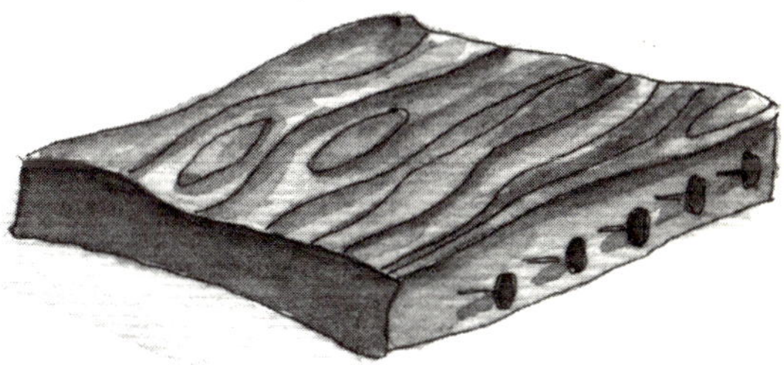

Über tosendes Wasser

Spieler/innen: zwei und mehr
Alter: ab 4 Jahren
Zeit: 20 Minuten
Material: viele große, im Wasser liegende Steine, einige Bretter, vier Stöcke, etwas Schnur
Ort: am Bach

Die Kinder versuchen, mit den Brettern und den Steinen eine kleine Brücke zu bauen. Zuerst werden die Brückenpfeiler in das Wasser gesetzt. Das sind die großen, schweren Steine. Wenn sie nicht über die Oberfläche des Wassers ragen, müssen die Kinder kleine Steine unter sie schichten, bis die großen Steine oberhalb des Wassers zu sehen sind. Danach legen die Kinder vorsichtig die Bretter auf die Steine. Sie können jetzt schon versuchen, auf diesem wackligen Steg von einer Seite des Bachs auf die andere zu kommen. Wenn noch ein Geländer gewünscht wird, kann man vier lange und dicke Stöcke nehmen, sie auf jeder Seite der beiden Enden der Brücke mit einem Stein tief in die Erde klopfen und je zwei Stöcke über das Wasser hinweg mit einer Schnur verbinden. Zur Unterstützung der Balance können die Kinder in jede Hand einen weiteren Stock nehmen und sich damit abstützen, wenn sie über den Steg gehen. Die Stöcke müssen der Größe der Kinder entsprechen und sollten mindestens vom Bachboden bis zu den angewinkelten Ellenbogen reichen.

Grübchen

Spieler/innen: zwei und mehr
Alter: ab 4 Jahren
Zeit: 10 Minuten
Material: viele walnußgroße Steine
Ort: am Strand oder im Uferbereich, im nassen Sand oder am schlammigen Ufer

Die Kinder graben im feuchten Sand oder im schlammigen Uferbereich fünf Gruben, die in einer Reihe hintereinander liegen sollen. Von der ersten Grube aus gehen sie einen großen Schritt nach hinten und markieren mit einem Stock die Abwurflinie. Nun nimmt jedes Kind fünf Steine und versucht, sie nacheinander in die Gruben zu werfen. Jeder Stein, der in einer Grube liegen bleibt, zählt einen Pluspunkt. Je mehr Übung die Kinder haben, um so leichter wird es ihnen fallen, eine Grube zu treffen.

Anmerkung: Es können auch folgende Variationen gespielt werden: Es darf immer nur ein Stein in einer Grube liegen, damit es einen Pluspunkt gibt. Liegen zwei oder gar mehr Steine in einer Grube, gibt es keinen Punkt. Oder die Gruben müssen nacheinander getroffen werden. Das bedeutet, daß der erste Stein in die am entferntesten liegende Grube fallen muß, der nächste Stein in die nächste und so weiter. Punkte gibt es nur für Steine, die in der richtigen Reihenfolge in die Gruben gefallen sind.

Steinbahn

Spieler/innen: zwei und mehr
Alter: ab 3 Jahren
Zeit: 10 Minuten
Material: kleine runde Kiesel
Ort: am Strand oder im Sandkasten, im feuchten Sand

Für die Steinbahn muß ein großer Haufen nasser Sand zu einem hohen Berg aufgeschüttet werden. Dann wird eine Bahn in den Sandberg hineingedrückt, die spiralförmig von der Spitze zum Boden verläuft. Da der Sand in der Bahn sehr fest sein muß, ist fester Matsch die geeignete Bausubstanz für diesen Berg!
Die Kinder suchen sich sehr runde Kiesel und lassen diese nun von der Spitze losrollen. Wessen Kiesel den längsten Weg zurücklegt, der ist Kieselkönig. Wenn die Bahn so gut gebaut ist, daß alle Kiesel bis an das Ende rollen, wird mit Hilfe einer Stoppuhr geschaut, wer den schnellsten Kiesel hat. Wer den schnellsten Kiesel besitzt, ist Kieselkaiser.

Matschburg

Spieler/innen: zwei und mehr
Alter: ab 3 Jahren
Zeit: 15 Minuten
Material: Matsch und feuchter Sand,
viele Steine, Muscheln und andere am Strand gefundene Naturmaterialien
Ort: am Strand oder im Sandkasten

Die Kinder sollen eine Strandburg aus Matsch oder feuchtem Sand und verschiedenen Naturmaterialien bauen. Sie können sie allein, zu zweit oder auch in kleinen Gruppen bauen. Es gibt nur eine Bedingung: Die Burg muß, außer aus feuchtem Sand oder Matsch, zum Teil aus Steinen bestehen. Wird die Burg an einem Strand gebaut, sind die Steine sehr nützlich, weil sie die Flut daran hindern können, die Burg einzureißen. Für die schönsten Burgen, die am nächsten Tag noch stehen, gibt es Preise.

Zur Verzierung können die Kinder alles benutzen, was sie am Strand oder sonst in der Natur finden. Muscheln, Algen, angeschwemmte Stöckchen und vieles mehr.

Tiere raten

Spieler/innen: zwei und mehr
Alter: ab 3 Jahren
Zeit: 15 Minuten
Material: Matsch und feuchter Sand, Muscheln und andere am Strand oder sonst in der Natur gefundene Naturmaterialien
Ort: am Strand oder im Sandkasten

Aus dem feuchten Sand können auch die verschiedensten Tiere gebaut werden. Augen und Mund können aus Muscheln oder Steinen bestehen. Die Tiere können auch mit Muscheln und anderen Naturmaterialien verziert werden. Wenn die Kinder mit ihren Tieren fertig sind, können sie die anderen jeweils raten lassen, welches Tier sie geschaffen haben.

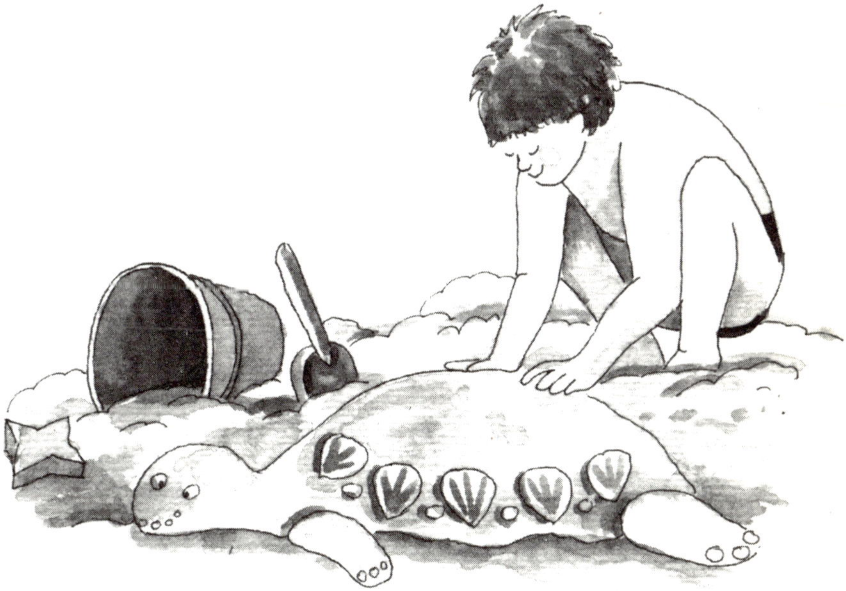

Haltet die Fahne fest!

Spieler/innen: zwei und mehr
Alter: ab 3 Jahren
Zeit: 5 Minuten
Material: ein Stöckchen, an das ein Taschentuch gebunden ist, eine Sandschaufel oder ein Löffel
Ort: am Strand oder im Uferbereich eines Sees

Die Kinder häufen mit nassem Sand einen kleinen Sand- oder Matschberg auf und klopfen ihn fest. Dann stecken sie das Stöckchen mit der Fahne in die Spitze. Nun beginnen sie der Reihe nach, mit dem Löffel etwas von dem Berg abzutragen. Dabei müssen sie aufpassen, daß die Fahne nicht umfällt. Sie müssen dabei sehr vorsichtig vorgehen. Das Kind, das den Berg mit seiner Sandentnahme zum Einsturz bringt, muß den neuen Berg für die nächste Runde aufhäufen.

Meeressuppe

Spieler/innen: vier und mehr
Alter: ab 3 Jahren
Zeit: 5 Minuten
Material: zwei Eimer
Ort: am Wasser

Die Kinder teilen sich in zwei Gruppen auf. Jede Gruppe bildet eine Reihe, die im Wasser beginnt und am Ufer oder Strand endet. Am Ende der jeweiligen Reihe steht ein Eimer, der mit Matsch gefüllt werden soll. Die Gruppe, deren Eimer, als erstes voll ist, hat gewonnen. Auf ein Zeichen der Spielleiterin beginnen die Kinder, den Matsch mit den Händen weiterzugeben. Der Matsch wird mit den Händen aus dem Meeres- oder Bachboden herausgeschaufelt und dem nächsten Kind weitergereicht. Das letzte Kind darf dann den Matsch in den Eimer werfen.

Matschkaiser

Spieler/innen: drei und mehr
Alter: ab 5 Jahren
Zeit: 5 Minuten
Material: für je drei Kinder einen Sandeimer
Ort: am Wasser

Die Kinder stellen sich jeweils zu dritt zusammen. Zwei Kinder halten sich gegenseitig am Handgelenk fest. So entsteht eine Trage für den Matschkaiser. Das dritte Kind ist der Matschkaiser. Es füllt seinen Eimer mit Matsch und setzt sich auf die „Trage". Die Kinder sollen nun auf ein gemeinsames Zeichen über eine zuvor abgesteckte Strecke laufen. Dort wechseln sie. Eines der anderen beiden Kinder darf sich nun als Matschkaiser zurück tragen lassen. Dann darf das dritte Kind Matschkaiser sein.

Anmerkung: Man kann dieses Spiel auch im Wettkampf spielen und dabei mehrere Dreiergruppen gegeneinander antreten lassen. Diejenigen, die am schnellsten über die abgesteckte Strecke laufen können, ohne dabei ihren Matsch zu verlieren, haben gewonnen.

Matsch balancieren

Spieler/innen: zwei und mehr
Alter: ab 5 Jahren
Zeit: 5 Minuten
Material: für jedes Kind einen Sandeimer
Ort: am Wasser

Jedes Kind füllt seinen Eimer mit Matsch und stellt ihn auf seinen Kopf. Alle Kinder stehen an der Startlinie und laufen auf ein gemeinsames Zeichen los. In etwa 10 m Entfernung ist die Ziellinie eingezeichnet. Während die Kinder gehen oder laufen, müssen sie den Eimer auf dem Kopf balancieren, ohne ihn mit der Hand zu berühren. Fällt ein Eimer vom Kopf muß das entsprechende Kind zur Startlinie zurück, um seinen Eimer erneut mit Matsch zu füllen und dann noch einmal loszulaufen. Das Kind, das zuerst mit dem vollen Eimer am Ziel ankommt, hat gewonnen.

Family-Golf

Spieler/innen: zwei und mehr
Alter: ab 4 Jahren
Zeit: 30 Minuten
Material: für jedes Kind einen Family-Tennisschläger und einen Tennis-Softball
Ort: am nicht überfüllten Strand

Am Ufer werden über eine Strecke von etwa 1 km insgesamt zehn große Löcher gegraben. Die Löcher können teilweise so nahe am Meer sein, daß sie sich mit Wasser füllen. Wenn alle Löcher gegraben sind, gehen die Kinder zurück an den Start. Das erste Kind legt seinen Ball auf die Startlinie und schlägt den Ball mit dem Schläger zum ersten Loch. Dort wo der Ball liegen bleibt, spielt das betreffende Kind in der nächsten Runde weiter. Fällt der Ball ins Wasser, nimmt das Kind den Platz ein, wo der Ball aufgekommen ist und hält den Ball in der Hand, damit er nicht wegschwimmt. Wenn es wieder an der Reihe ist, legt es den Ball auf das Wasser und spielt von dort aus weiter. Trifft ein Kind in eines der Löcher, darf es seinen Ball gleich wieder aus diesem auf das nächste Loch zutreiben. Wer seinen Ball als erstes im letzten Loch liegen hat, ist Sieger. Allerdings darf nur das jeweils nächste Loch angesteuert werden, wenn der Ball auch wirklich im vorigen Loch gelegen ist.

Anmerkung: Man kann auch eine Minigolfanlage in den Sand bauen. Dabei können Berge aufgeschüttet werden, die überwunden, Gräben die übersprungen, Höhlen die durchrollt werden sollen oder auch Schanzen, von denen die Bälle in ein Loch fallen müssen.

Steinmurmeln

Spieler/innen: zwei und mehr
Alter: ab 4 Jahren
Zeit: 10 Minuten
Material: für jedes Kind drei runde Kieselsteine
Ort: am unruhigen Wasser

Die meisten Murmelspiele kann man auch gut mit fast runden Kieselsteinen spielen. Jedes Kind erhält drei Kieselsteine. Die jeweils ersten Steine werden möglichst nahe am Wasser plaziert, ohne daß das Wasser sie berühren kann. Mit ihrem zweiten oder dritten Stein können die Kinder versuchen, ihre Steine noch näher zum Wasser zu bringen oder aber den siegreichen Kiesel eines anderen Kindes wegzuschubsen. Bei diesem Spiel muß man natürlich auf die Flut achten, sonst sind die Kiesel schnell weg.

Wasserloch

Spieler/innen: zwei und mehr
Alter: ab 3 Jahren
Zeit: 5 Minuten
Material: keines
Ort: am Strand

Alle Kinder stehen ungefähr 1 m vom Wasser entfernt. Auf ein gemeinsames Zeichen graben sie mit ihren Händen ein tiefes Loch in den Sand. Wer als erstes so tief gegraben hat, daß Wasser in sein Loch läuft, hat gewonnen. Nun können die Kinder gemeinsam versuchen, die Löcher durch Tunnels miteinander zu verbinden. Wenn es klappt, haben sie ein Kanalsystem, in dem sie zum Beispiel ein kleines U-Boot fahren lassen können.

Wasser, Wasser, du mußt wandern

Spieler/innen: sechs und mehr
Alter: ab 4 Jahren
Zeit: 5 Minuten
Material: ein mit flüssigem Matsch gefüllter Joghurtbecher
Ort: im Freien

Die Kinder stehen dicht nebeneinander im Kreis und geben hinter dem Rücken einen mit flüssigem Matsch gefüllten Becher weiter. Ein Kind steht in der Mitte. Es muß raten, wo sich der Joghurtbecher befindet. Die Kinder im Kreis dürfen, so oft sie wollen, die Richtung wechseln. Außerdem können einzelne Kinder auch nur so tun, als ob sie den Becher gerade weitergeben würden. Sie müssen allerdings aufpassen, daß ihnen das Wasser aus dem Becher nicht den Rücken hinunterläuft, weil sie sich durch verräterische Bewegungen entlarven könnten. Das Kind in der Mitte beobachtet die anderen eine Weile und tippt dann das Kind an, von dem es glaubt, es hätte den Becher in der Hand. Wenn es richtig geraten hat, tauschen die beiden die Plätze. Hat es falsch geraten, wird es von dem Kind, das den Becher tatsächlich hat, mit flüssigem Matsch begossen. Der Becher wird erneut gefüllt, und das Spiel geht weiter.

Geheimnisvolle Spuren im Sand

Spieler/innen: acht und mehr
Alter: ab 3 Jahren
Zeit: 5 Minuten
Material: für jede Gruppe eine Muschel oder einen besonderen Stein
Ort: an einem Strand mit unüberschaubarem Gelände, wie es zu Beispiel in den Dünen zu finden ist

Die Kinder teilen sich in zwei Gruppen. Jede Gruppe einigt sich auf einen Vorläufer. Diese suchen sich je eine Muschel oder einen besonders geformten Stein. Den Abdruck des Steins oder der Muschel zeigen sie jeweils der gegnerischen Gruppe und gehen los. Sie laufen schnell und hinterlassen von Zeit zu Zeit den Abdruck des Steins oder der Muschel im Sand, um der Gruppe die Möglichkeit zu geben, den Weg zu finden.
Nach etwa fünf Minuten laufen die Gruppen jeweils dem gegnerischen Vorläufer hinterher. Dabei müssen sie aufpassen, daß sie die richtige Spur nicht verpassen. Die Vorläufer zeichnen jeweils einen Weg von etwa einer Viertelstunde. Dann vergraben sie schnell den Stein und laufen auf einem ganz anderen Weg zurück zum Ausgangsort. Die Gruppe, die als erstes dem Vorläufer den entsprechenden Stein oder die Muschel zeigen kann, hat gewonnen.

Glückspfennige

Spieler/innen: zwei und mehr
Alter: ab 3 Jahren
Zeit: 5 Minuten
Material: ein mit schlammigem Wasser gefülltes Planschbecken, für jedes Kind fünf Fünfpfennigmünzen, Tassen
Ort: im Freien

Die Kinder stellen die Tassen an verschiedenen Stellen ins schlammige Wasser. Nun bekommt jedes Kind fünf Fünfpfennigmünzen in die Hand. Die Kinder sollen nun die Münzen in die Tassen werfen. Wer mit den meisten Münzen in eine der Tassen trifft, ist Sieger und wird im nächsten Jahr bestimmt besonders oft Glück haben.

Storchenkampf

Spieler/innen: zwei und mehr
Alter: ab 4 Jahren
Zeit: 5 Minuten
Material: keines
Ort: im matschigen oder verschlammten Wasser, das beim kleinsten Kind der Gruppe ungefähr kniehoch ist

Die Kinder stehen wie ein Storch auf einem Bein im niedrigen, matschigen oder schlammigen Wasser und versuchen, sich gegenseitig umzuschmeißen. Wer gefallen ist oder den zweiten Fuß auf den Boden setzen mußte, hat den Kampf verloren und bleibt im Wasser sitzen. Gewonnen hat der Storch, der zum Schluß noch steht.

7. Blau, gelb, rot und grün

Spiele mit dem Farbenteufel

Die Spiele in diesem Kapitel sind ruhig. Sie ermöglichen den Kindern, die Farben kennenzulernen, und fördern die Konzentration. Auch bei den hier vorgestellten Bewegungsspielen geht es nicht nur darum, das schnellere Kind zu sein, sondern vor allem auch darum, Farben schnell zu erfassen und entsprechend kooperativ zu reagieren.

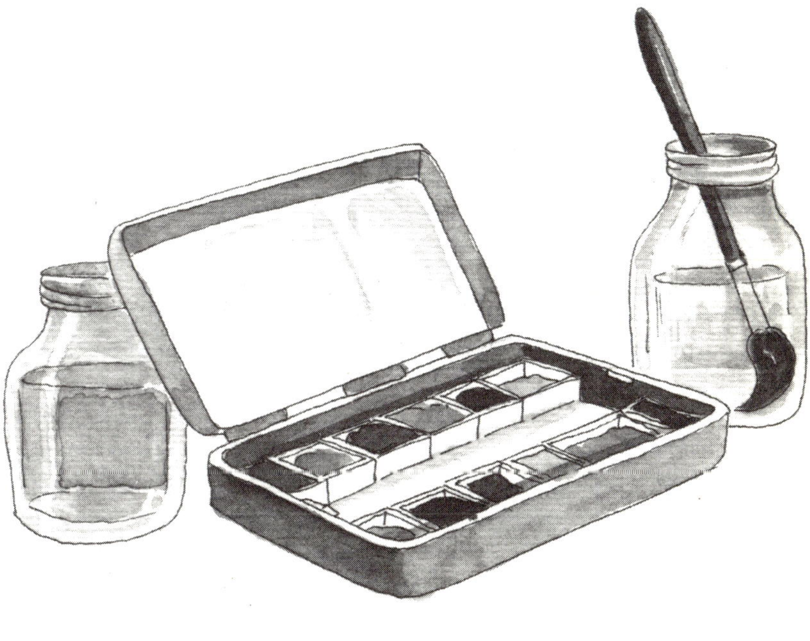

Futter schnappen

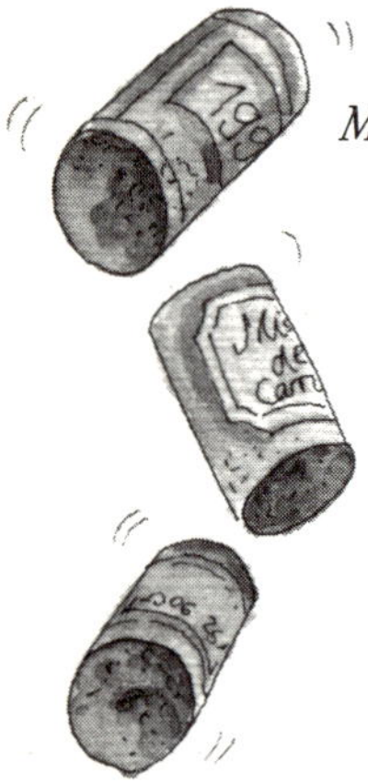

Spieler/innen: zwei und mehr
Alter: ab 3 Jahren
Zeit: 5 Minuten
Material: viele Korken, eine mit rotgefärbtem Wasser gefüllte Wanne, für jedes Kind einen Sandeimer
Ort: im Freien

Die Korken werden in die Wanne geworfen. Jedes Kind hat einen Eimer, der neben dem Becken steht. Auf ein gemeinsames Startzeichen beginnen die Kinder, mit der Hand nach den Korken zu fischen und sie in ihren Eimern zu sammeln. Wer am Schluß die meisten Korken in seinem Eimer hat, ist Sieger und hat wahrscheinlich auch die röteste Hand.

Menschenzahlen

Spieler/innen: zehn und mehr
Alter: ab 5 Jahren
Zeit: 10 Minuten
Material: Fingerfarben, Pinsel
Ort: im Freien

Auf den rechten und den linken Fuß jedes Kindes werden jeweils ein bis sechs Punkte gemalt. Dann stellt sich ein Kind in die Mitte des Kreises. Nun müssen die Kinder im Kreis ein anderes Kind suchen, das die gleiche Anzahl von Punkten auf dem einen oder anderen Fuß aufweist. Dieses Kind darf sich nun neben das bereits in der Mitte stehende Kind stellen und zwar so, daß die beiden gleichen Punktzahlen nebeneinander stehen. Dann suchen die Kinder gemeinsam ein anderes Kind, das dieselbe Zahl auf einem Fuß hat wie das Kind in der Mitte auf dem äußeren Fuß. Am Ende stehen alle Kinder in einer langen Reihe.

Buchstaben auf dem Bauch

Spieler/innen: sechs und mehr
Alter: ab 6 Jahren
Zeit: 5 Minuten
Material: Fingerfarben und Pinsel
Ort: im Freien

Die Kinder teilen sich in zwei gleich große Gruppen auf. Auf den Bauch jedes Kindes wird ein Buchstabe gemalt. Nun beginnen die Kinder in ihren Gruppen verschiedene Wörter aus den vorhandenen Buchstaben zu bilden. Die Wörter dürfen mehr Buchstaben haben, als ihnen zur Verfügung stehen aber nicht weniger. Welche Gruppe hat die meisten Wörter gefunden?

Farbfinger ausleihen

Spieler/innen: zwei und mehr
Alter: ab 3 Jahren
Zeit: 20 Minuten
Material: Fingerfarben, Papier
Ort: im Freien

Jedes Kind erhält eine Farbe. Nun sollen die Kinder ein buntes Bild malen. Wenn sie dazu eine andere Farbe als ihre eigene benötigen, müssen sie sich den farbigen Finger des Kindes ausleihen, das die betreffende Farbe besitzt. Sie müssen dann den Finger des Kindes führen, das die fremde Farbe aufs Papier bringen soll.

Farbiges Fangen

Spieler/innen: sechs und mehr
Alter: ab 4 Jahren
Zeit: 5 Minuten
Material: Fingerfarben, Pinsel
Ort: im Freien

Jedes Kind malt sich seine beiden Hände mit jeweils einer Farbe an. Dabei sollen nur die Farben Rot, Blau und Grün verwendet werden. Ein Kind ist der Fänger. Hat es ein Kind gefangen, schauen die beiden sich ihre Hände an. Weist eine Hand des gefangenen Kindes die gleiche Farbe auf wie eine des Fängers, müssen sie sich an den betreffenden Händen fassen und gemeinsam weiter fangen. Weist ein Kind andere Farben auf als der Fänger, ist es frei und darf weiterlaufen.
Es kann vorkommen, daß die Hände nur so zusammenpassen, daß ein gefangenes Kind rückwärts laufen muß. Allerdings können die Kinder in der Fängerreihe auch die Plätze tauschen. Sie müssen nur darauf achten, daß sich immer nur zwei Hände anfassen, die die gleiche Farbe aufweisen.

Auf den Farben hocken

Spieler/innen: sechs und mehr
Alter: ab 3 Jahren
Zeit: 10 Minuten
Material: Wasserfarben
Ort: im Freien

Jedes Kind malt sich jede Hand mit einer anderen Farbe an. Dann setzen sich alle Kinder, bis auf eines, auf in einem Kreis stehende Stühle. Die Kinder verstecken ihre Hände unter dem Po, so daß das Kind in der Mitte die Farben nicht sehen kann. Das Kind in der Mitte beginnt nun zu raten, wessen Hand welche Farbe aufweist. Es zeigt auf ein Kind und nennt eine Farbe. Hat das Kind die genannte Farbe an den Händen, muß es selbst in die Mitte. War die geratene Farbe falsch, macht das erste Kind einen neuen Versuch.

Blau zu Blau

Spieler/innen: acht und mehr
Alter: ab 4 Jahren
Zeit: 10 Minuten
Material: Fingerfarben
Ort: im Freien

Jedes Kind malt sich jede Hand mit einer anderen Farbe an. Dann laufen alle Kinder durch den Raum. Sie können auch zu einer schönen Musik tanzen. Wenn die Spielleiterin die Musik ausschaltet, nennt sie eine der Farben, die an den Händen der Kinder zu sehen sind. Alle Kinder, die diese Farbe auf der Hand tragen, versuchen nun, ein Kind an der Hand zu halten, das die gleiche Farbe aufweist. Dabei können auch mehrere Kinder zusammenstehen. Danach schaltet die Spielleiterin die Musik wieder ein, und eine neue Runde beginnt.

Farbenteufel

Spieler/innen: sechs und mehr
Alter: ab 3 Jahren
Zeit: 5 Minuten
Material: Fingerfarben, einen Stuhl mehr, als Kinder mitspielen
Ort: im Freien

Jedes Kind bemalt seine beiden Hände in jeweils einer anderen Farbe. Ein Kind steht in der Mitte, die anderen im Kreis darum herum. Wenn das Kind in der Mitte eine Farbe ruft, müssen alle Kinder, die eine Hand in dieser Farbe haben, sich einen neuen Platz suchen. Das Kind, das keinen freien Stuhl mehr gefunden hat, darf nun die nächste Farbe nennen. Wenn ein Kind Farbenteufel ruft, müssen sofort alle Kinder im Kreis ihren Platz verlassen und sich einen neuen Stuhl suchen.

Auf der grünen Wiese

Spieler/innen: vier und mehr
Alter: ab 3 Jahren
Zeit: 5 Minuten
Material: für jedes Kind einen faustgroßen Stein
Ort: im Freien

Jedes Kind bemalt seine beiden Hände mit jeweils einer anderen Farbe. Die Kinder sitzen mit der Spielleiterin in einem engen Kreis auf dem Boden. In der Mitte liegen die Steine. Nun beginnt die Spielleiterin eine bunte Geschichte zu erzählen. Immer wenn in der Geschichte eine Farbe genannt wird, die ein Kind an einer Hand aufweist, darf sich dieses Kind schnell einen Stein aus der Mitte nehmen. Nimmt ein Kind zur falschen Zeit einen Stein oder vergißt es, einen Stein zu nehmen, muß es ein Pfand abgeben. Am Ende des Spieles werden diese Pfänder dann wieder ausgelöst.

Plätze wechseln

Spieler/innen: sieben und mehr
Alter: ab 5 Jahren
Zeit: 10 Minuten
Material: Fingerfarben
Ort: im Freien

Die Kinder bilden einen großen Kreis. Ein Kind steht außerhalb. Jedes Kind erhält eine Fingerfarbe. Die Farben werden immer in der gleichen Reihenfolge verteilt, beispielsweise rot, gelb, blau, rot, gelb, blau und so weiter. Dann malen die Kinder mit der Farbe einen Kreis um die Füße. Die Spielleiterin ruft nun eine Farbe. Alle Kinder, die in einem Kreis dieser Farbe stehen, müssen ihren Kreis verlassen und zum nächsten Farbkreis laufen. In dieser Zeit kann das Kind, das außerhalb des Kreises stand, versuchen, in einen freien Farbkreis zu kommen. Nun hat eine anderes Kind keinen Kreis mehr. Je schneller die Spielleiterin die Farben ruft, um so mehr Bewegung kommt in das Spiel.

Schwarzer Mann, gelbe Frau

Spieler/innen: acht und mehr
Alter: ab 5 Jahren
Zeit: 10 Minuten
Material: Wasserfarben, Pinsel
Ort: im Freien

Die Kinder stehen sich in zwei gleich großen Gruppen gegenüber. Zwischen den Kindern sind etwa 10 m Distanz. Bei zwei Kindern in jeder Gruppe wird nun ein schwarzer Punkt in die Hand gemalt, alle anderen Kinder erhalten einen gelben Punkt. Natürlich darf die andere Gruppe nicht wissen, welche Kinder einen schwarzen Punkt aufweisen. Alle Kinder laufen nun zur jeweils anderen Seite des Spielfelds. Auf dem Weg dahin dürfen sie die Kinder aus der anderen Gruppe fangen. Sie dürfen jedoch nur die „gelben" Kinder fangen. Wenn eine Gruppe jedoch beide Kinder mit schwarzen Punkten aus der gegnerischen Gruppe gefangen hat, hat sie verloren.

Anmerkung: Wenn mehr als zwölf Kinder mitspielen, werden drei „schwarze Männer" gekennzeichnet.

Anderes Malen

Spieler/innen: eins und mehr
Alter: ab 3 Jahren
Zeit: 20 Minuten
Material: Wasserfarben, Erde oder Sand, Korken, Stoff, Federn und vieles mehr
Ort: im Freien

Anstatt mit Papier und Pinsel zu malen, können die Kinder einmal mit anderen Materialien experimentieren. Als Malgrundlage dienen dann Stoffe und Folien, Kartons und Styroporplatten. Statt der Pinsel gibt es Federn, Korken, Schwämme, zusammengebundenes Moos, Stöckchen und Styropor, Spritztuben, Sprühfläschchen (beispielsweise vom Nasenspray) und anderes. Die Wasserfarben werden mit Sand oder noch besser mit feiner Erde bzw. Lehm gemischt. Dadurch werden sie dicker und lassen sich fast wie Ölfarben verwenden.

Siegfried und die Drachen

Spieler/innen: fünf und mehr
Alter: ab 4 Jahren
Zeit: 10 Minuten
Material: Wasser, Wasserfarben, Pinsel
Ort: im Freien

In dieser Variation der alten Sage von Siegfried, dem Drachentöter, ist es ihm gelungen, Verschwörer zu finden, die das gleiche Mal auf dem Rücken tragen wie er und genauso unverwundbar sind. Ein Drache will jedoch nicht glauben, daß Siegfried immer noch unverwundbar ist, und macht sich deshalb auf die Jagd, um ihm endlich sein Geheimnis zu entlocken.
Das linke Schulterblatt jedes Kindes erhält einen runden Farbfleck. Nur wer an dieser Stelle berührt wird, ist gefangen.
Ein Kind beginnt. Es ist der kleine Drache und versucht, den wahren Siegfried zu finden und zu fangen. Wenn es eines der anderen Kinder an der linken Schulter berühren kann, muß dieses ihm die Hand geben und ihm beim Fangen helfen. So wächst der Drache und wird immer größer und größer, bis nur noch der letzte Siegfried, der wahre, frei ist. Dieses Kind darf in der nächsten Runde der Drache sein.

Farben mit Hand und Fuß

Spieler/innen: acht und mehr
Alter: ab 3 Jahren
Zeit: 10 Minuten
Material: Wasser, Wasserfarben oder Fingerfarben, Pinsel
Ort: im Freien

Den Kindern stehen vier verschiedene Farben zur Verfügung. Jedes Kind soll sich nun beide Füße mit jeweils einer anderen Farbe anmalen. Danach stellen sich die Kinder in einen Kreis und versuchen, ihre Füße nach bestimmten Kriterien zu sortieren.
Als erstes sollen sie so zusammenstehen, daß jeweils zwei nebeneinander stehende Füße die gleiche Farbe aufweisen. In der nächsten Runde sollen jeweils die Farben Grün, Rot, Blau und Gelb nacheinander im Kreis stehen. Zuletzt stellen sich die Kinder so auf, daß die gleichfarbigen Füße alle zusammenstehen. Um das zu erreichen, müssen sie schon fast akrobatische Übungen machen.

Fensterkunst

Spieler/innen: zwei und mehr
Alter: ab 3 Jahren
Zeit: 20 Minuten
Material: Fingerfarben, Wasser, Tücher, Kämme, Holzstäbe und ähnliches
Ort: am Fenster, im Freien

Der Raum erscheint in neuen, gedämpften Farben, wenn die Kinder die gesamte Fensterfläche von außen mit Farben zuschmieren dürfen. Da kann am Fenster nach Herzenslust gemanscht und gemischt werden.
Kurz bevor die Farbe trocken ist, können mit weichen Holzstöcken verschiedene Muster hineingeritzt werden. Auch Kämme eignen sich gut dazu!
Die Kinder können zum Beispiel ein bestimmtes Thema darstel-

len. So kann etwa das ganze Fenster zur Unterwasserlandschaft gestaltet werden, wenn man nur die Farben Blau, Braun und Gelb verwendet. Fische, Wasserpflanzen und andere Wesen aus der Tiefe des Meeres dürfen dann herausgekratzt werden. Zum Schluß kann man mit Kämmen die Wellenbewegung des Wassers nachzeichnen.
Mit entsprechender Beleuchtung im Inneren des Raums wirkt dann so manches Kunstwerk am Fenster richtig eindrucksvoll.

Wurfbilder

Spieler/innen: zwei und mehr
Alter: ab 3 Jahren
Zeit: 15 Minuten
Material: Fingerfarben, Wasser, Tücher, kleine Schalen
Ort: im Freien

Die Fingerfarben werden in den Schalen mit sehr wenig Wasser so verdünnt, daß eine dickflüssige Paste entsteht. Nun können die Kinder die Farben mit den Händen von außen an die Fenster werfen. Wenn die Farben das Glas hinunterlaufen, mischen sie sich, und es entstehen bizarre Gestalten.
Danach können die Kinder vor den Fenstern sitzen und versuchen, in den Farbkreationen verschiedene Figuren zu entdecken. Diese werden anschließend mit wenigen Pinselstrichen so verdeutlicht, daß sie für alle gut zu erkennen sind.

Spritzbilder

Spieler/innen: eine und mehr
Alter: ab 3 Jahren
Zeit: 5 Minuten
Material: Wasser, Wasserfarben, dicke Pinsel, großformatiges Papier, viele Schalen
Ort: im Freien

Ein feuchtes Farbvergnügen ist das Spiel mit gefärbtem Wasser. Dazu benötigt man viele Schalen, die mit unterschiedlich gefärbtem Wasser gefüllt werden.
Dann tauchen die Kinder ihre Pinsel in die Wasserschalen und spritzen das farbige Wasser auf das Papier. Dabei entstehen wilde Gestalten und bizarre Landschaften, die mit gezielten Pinselstrichen noch verdeutlicht werden können.

Wasserbilder

Spieler/innen: zwei und mehr
Alter: ab 3 Jahren
Zeit: 10 Minuten
Material: eine Wasserpistole für jedes Kind, gefärbtes Wasser
Ort: im Freien

Die Kinder malen mit dem gefärbten Wasser aus den Wasserpistolen ein riesiges Bild auf den Garagenplatz, auf den Sandplatz oder auf die verkehrsberuhigte Spielstraße. Dabei sollten sie sich vorher auf Motive einigen, die sie malen wollen, und absprechen, wer für welche Details des Bildes verantwortlich ist.

Rette mein Wasser!

Spieler/innen: zwei und mehr
Alter: ab 3 Jahren
Zeit: 5 Minuten
Material: ein Ball, für jedes Kind eine mit gefärbtem Wasser gefüllte Flasche
Ort: am Wasser

Jedem Kind wird eine Flasche in einer bestimmten Farbe zugeordnet. Die Kinder stellen ihre Flaschen, die mit in unterschiedlichen Farben gefärbtem Wasser gefüllt sind, in einer Reihe auf. Dann entfernen sie sich mit zehn großen Schritten von den Flaschen und stellen sich auf. Das erste Kind beginnt und rollt oder wirft den Ball direkt auf die Flaschen zu. Alle Kinder, deren Flaschen dabei umgefallen sind, rennen nun los und stellen sie ganz schnell wieder auf. Nach fünf Minuten wird das Spiel beendet, und das Kind, in dessen Flasche jetzt das meiste Wasser steht, hat gewonnen.

Tastbilder

Spieler/innen: zwei und mehr
Alter: ab 5 Jahren
Zeit: 10 Minuten
Material: Papier oder Sperrholz, Fingerfarben, Wasser
Ort: im Freien

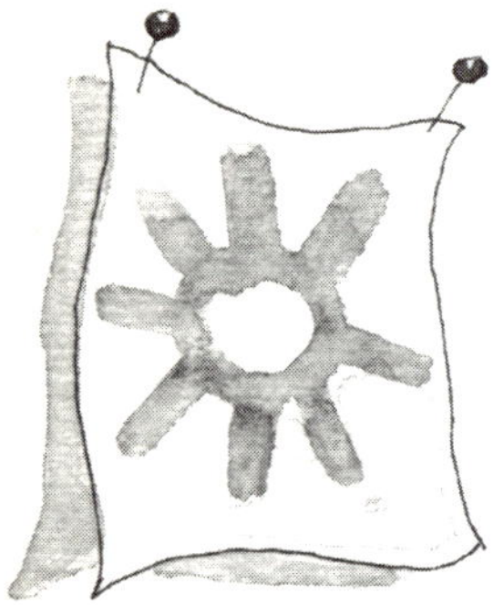

Die Spielleiterin nennt einen Gegenstand, den die Kinder mit geschlossenen Augen malen oder gestalten sollen. Sie setzen sich vor das Papier und erhalten einen Topf mit Fingerfarbe, den sie in der Hand halten dürfen. Nun schließen sie die Augen oder lassen sie sich verbinden und beginnen, den genannten Gegenstand zu malen. Da die Fingerfarbe dick aufgetragen werden kann, ist es den Kindern möglich, den gemalten Gegenstand immer wieder abzutasten, bevor sie den anderen Kindern das fertige Werk präsentieren.
Das Spiel kann auch umgekehrt gespielt werden. Dann werden verschiedene, einfache Bilder mit dick aufgetragener Fingerfarbe gemalt. Wenn die Bilder trocken sind, schließen die Kinder nacheinander die Augen, um den jeweils vorgelegten Gegenstand zu ertasten und zu erraten.

Malerduett

Spieler/innen: zwei und mehr
Alter: ab 3 Jahren
Zeit: 5 Minuten
Material: Fingerfarben, Karton, Wasser
Ort: im Freien

Eine neue Perspektive eröffnet sich, wenn sich beim Malen auf einmal nicht die Hand, sondern das Papier bewegt.
Jeweils zwei Kinder arbeiten zusammen. Das Kind, das den Karton halt, bestimmt die Farbe, mit der gemalt wird. Das andere Kind taucht den Finger in die entsprechende Farbe und hält ihn anschließend waagerecht, ohne ihn weiter zu bewegen. Das Kind mit dem Karton bewegt diesen nun so, daß ein Bild entsteht.

Ist das erste Bild fertig, wechseln die Kinder die Plätze, und das andere Kind darf nun mit dem Karton malen.

Vogelsandbilder

Spieler/innen: zwei und mehr
Alter: ab 3 Jahren
Zeit: 30 Minuten, den farbigen Sand am Tag vorher vorbereiten
Material: Vogelsand, Papier, flüssiger Klebstoff, Wasserfarben oder Lackfarben auf Wasserbasis, Wasser, Schalen oder Becher, Klarlack
Ort: im Freien

Zunächst wird der Sand auf verschiedene Schalen verteilt und mit Wasser- oder Lackfarben auf Wasserbasis eingefärbt. Nun muß er einen Tag trocknen. Der feste, getrocknete Farbsand kann durch Schütteln und Kneten wieder gelockert werden.
Jetzt können die Kinder den ersten Teil eines Bildes auf Karton oder Papier malen. Sie zeichnen zunächst mit Klebstoff die ersten Linien vor. Anschließend wird die erste Farbe mit dem eingefärbten Vogelsand darübergestreut. Überall, wo sich Klebstoff befindet, hält der farbige Sand auf dem Papier. Der restliche Sand kann nun abgeschüttet und der nächste Teil des Bildes mit dem Klebstoff vorgezeichnet werden.
Diese Bilder sehen wunderschön aus, ob sie ein konkretes Motiv haben oder einfach dem Zufall zu verdanken sind. Sind die Bilder fertig, werden sie zur Stabilisierung mit Klarlack besprüht.
Die Bilder eignen sich auch als Postkarten. Aber auch kleine Bilder, die mit einem selbstausgeschnittenen, in der Farbe zum Bild passenden Passpartout verziert sind, sehen sehr gut aus!

Bunter Sandkasten

Spieler/innen: zwei und mehr
Alter: ab 3 Jahren
Zeit: 20 Minuten
Material: Wasser, Wasserfarben, dicke Pinsel, Schalen oder Dosen
Ort: im Sandkasten

Die Wasserfarben müssen in Schalen besonders dick angerührt werden, wenn der Sand richtig eingefärbt werden soll. Man nimmt dazu einen halben Liter Wasser und einen dicken Pinsel. Ein kleiner Puck (ein Farbkreis für die normalen Wasserfarbkästen, den man überall nachkaufen kann) wird in einer Schale oder Dose mit Wasser angerührt. Sobald der Puck sich ganz aufgelöst hat, können die Kinder Sand aus dem Sandkasten mit dem farbigen Wasser einfärben und erhalten somit verschiedenfarbigen Matsch, mit dem sie Landschaften gestalten oder einfach Muster legen können. Wenn mit diesem Farbsand Muster auf der Haut aufgetragen werden, bleiben sie erhalten, auch wenn der Sand abfällt. Die Haut nimmt die Farbe an.
Die Kinder können auch Burgen, Torten und andere Dinge bauen und anschließend mit dem farbigen Wasser bemalen. Die Sandobjekte erhalten dann nach dem Trocknen eine größere Stabilität.

Farben spritzen

Spieler/innen: zwei und mehr
Alter: ab 3 Jahren
Zeit: 5 Minuten
Material: Wasser, Arztspritzen, Fingerfarben, Papier oder Karton
Ort: im Freien

Die Kinder verdünnen die Fingerfarben mit etwas Wasser und ziehen sie anschließend auf die Spritze auf. Nun können sie auf dem Papier einen Wettbewerb austragen. Sie können beispielsweise sehen, wer als erstes einen Baum mit drei Äpfeln spritzt. Sie können jedoch auch gemeinsam eine wilde Farblandschaft, ein schönes Bild oder einen Regenbogen spritzen.

Farbexperimente

Spieler/innen: zwei und mehr
Alter: ab 3 Jahren
Zeit: 10 Minuten
Material: Wasser, Pinsel, Wasserfarben, Papier
Ort: im Freien

Bei diesem Spiel dürfen die Kinder einmal nach Herzenslust mit Farben spielen. Es bietet sich an, den Kindern nur die Grundfarben zur Verfügung zu stellen Jedes Kind kann dann den Auftrag erhalten, eine bestimmte Farbe zu mischen. Wer die richtige Mischung gefunden hat, darf den anderen Kindern das Geheimnis der richtigen Farbmischung verraten. Anschließend können die Kinder mit den neuen, selbstgemischten Farben auf Papier oder auf der Haut weiter experimentieren.

Ich will doch nur im Regen stehen

Spieler/innen: zwei und mehr
Alter: ab 3 Jahren
Zeit: 15 Minuten
Material: ein Wasserschlauch
Ort: im Freien

Dieses Spiel eignet sich gut als Abschluß eines Farb- oder Matschspieltages. Die Kinder stellen sich mit geschlossenen Augen auf die Wiese. Die Spielleiterin ahmt mit dem Wasserstrahl aus dem Schlauch Regen nach. Die Kinder sollen nun genau darauf achten, wie sich die Tropfen langsam vom Kopf zu den Füßen hinunterbewegen. Zuerst werden die Haare schwer und naß. Erst jetzt beginnt das Wasser langsam und erfrischend am Körper hinunterzufließen. Die Kinder können sich dabei auch einseifen. Sind die Kinder ganz naß, zufrieden und sauber, setzen sich alle in einen Kreis und erzählen sich gegenseitig, wie sie das Regnen erlebt haben.

Nasse Tüten

Spieler/innen: zwei und mehr
Alter: ab 5 Jahren
Zeit: 5 Minuten
Material: viele mit gefärbtem Wasser gefüllte Plastiktüten
Ort: im Freien

Jedes Kind hat eine mit gefärbtem Wasser gefüllte Plastiktüte und versucht, sie möglichst weit über seinen Kopf hinwegzuschleudern. Es macht ungeheuren Spaß, zuzusehen, wie das gefärbte Wasser aus der Tüte spritzt. Wenn die Plastiktüten prall gefüllt und fest zugebunden sind, platzten sie beim Aufschlagen mit einem lauten Knall. Man kann bei diesem Spiel auch versuchen, in einen Gymnastikreifen zu treffen. Die Spielleiterin muß allerdings darauf achten, daß die Kinder nur in eine Richtung werfen, in der niemand steht.

Flaschenwächter

Spieler/innen: vier und mehr
Alter: ab 3 Jahren
Zeit: 5 Minuten
Material: eine mit gefärbtem Wasser gefüllte Flasche
Ort: im Freien

Ein Kind kniet auf dem Boden. Vor ihm steht eine mit gefärbtem Wasser gefüllte Flasche. Die anderen Kinder versuchen nun, diese Flasche mit den Händen umzuwerfen. Das kniende Kind kann dies verhindern, indem es die anderen Kinder fängt. Ist ein Kind gefangen, wird es selbst zum Wächter der Flasche.
Es versteht sich von selbst, daß die Kinder wirklich nur die Hände benutzen dürfen. Mit den Füßen könnten sie das kniende Kind treffen, und das ist gefährlich!

8. Unter dem Regenbogen

Spiele im Regen

Auch im Regen können alle draußen spielen. An einem warmen Sommertag, brauchen die Kinder nicht einmal Regenkleidung, eine Badehose genügt vollkommen. An kälteren Tagen, muß ein Regencape über die Kleidung gezogen werden. Außerdem benötigen sie natürlich Gummistiefel.
Bei entsprechender Vorbereitung können die Kinder jedoch nach Herzenslust im Regen toben, durch den Matsch laufen und in die Pfützen springen.

Pfützenfangen

Spieler/innen: drei und mehr
Alter: ab 3 Jahren
Zeit: 5 Minuten
Material: Pfützen
Ort: im Freien

Ein Kind ist der Fänger. Es läuft durch das Spielfeld und versucht, eines der anderen Kinder zu berühren. Wen ihm das gelingt, wird das berührte Kind zum neuen Fänger. Allerdings dürfen sich die Kinder in eine Pfütze retten. Wer in einer Pfütze steht, darf nicht gefangen werden. In einer Pfütze darf aber immer nur ein Kind stehen. Wenn ein zweites hineintritt, muß das Kind, das als erstes da war, weiterlaufen und sich eine neue Pfütze suchen.

Sturmwarnung auf der Pfütze

Spieler/innen: zwei und mehr
Alter: ab 4 Jahren
Zeit: 5 Minuten
Material: Papierboote
Ort: im Freien

Zunächst werden Papierboote gefaltet. In den größten vorhandenen Pfützen werden die Boote dann zu Wasser gelassen. Die Kinder müssen nun ihr eigenes Boot so schnell wie möglich auf die andere Seite pusten. Das Boot, das als erstes das andere Pfützenufer erreicht, hat gewonnen.

Pfützenschnippen

Spieler/innen: zwei und mehr
Alter: ab 5 Jahren
Zeit: 5 Minuten
Material: für jedes Kind fünf Zehnpfennigmünzen
Ort: im Freien

Die Kinder suchen sich eine flache, nicht zu große Pfütze. Nun beginnt das erste Kind die Münze über die Pfütze zu schnippen. Ist es ihm gelungen, darf es die Münze wieder nehmen. Wenn sie jedoch in der Pfütze liegen bleibt, ist das nächste Kind an der Reihe. Wenn dieses Kind seine Münze erfolgreich durch die Pfütze schnippen kann, darf es seine eigene Münze und alle anderen Münzen, die in der Pfütze liegen, nehmen. Wenn ein Kind keine Münzen mehr hat, ist das Spiel zu Ende.

Quallenweg

Spieler/innen: zwei und mehr
Alter: ab 3 Jahren
Zeit: 10 Minuten
Material: keines
Ort: im Freien

Die Kinder bilden Paare und stellen sich an einer Strecke, an der es viele Pfützen gibt, einander gegenüber auf. Das Kind am Anfang der Strecke schließt die Augen, und das andere ruft es und dirigiert es an den Pfützen vorbei zu sich. Dabei darf das blinde Kind in keine Pfütze treten. Die Pfützen sind Quallenlöcher; wer eines berührt, wird sofort von ihm verschlungen. Das betroffene Kind muß in dieser Pfütze stehen bleiben. Aber es kann sich befreien, indem es die Augen öffnet und sein Partner die Augen schließt. Wenn dieses Kind den blinden Partner dann zu sich lotsen kann, ohne daß dieser in eine Pfütze tritt, ist es frei und kann seinen Weg fortsetzen. Gewonnen hat das Paar, das als erstes gemeinsam am Ende der Strecke steht.

Naß sind alle Felder

Spieler/innen: eins und mehr
Alter: ab 3 Jahren
Zeit: 5 Minuten
Material: keines
Ort: draußen, im warmen Sommerregen

Die Kinder tragen Badehosen und sind barfuß. So können sie den Regen auf ihrer Haut und die Nässe an ihren Füßen spüren. Sie stellen sich in einer Reihe hintereinander auf und fassen mit den Händen jeweils um den Bauch des vorderen Kindes. Dann schließen sie die Augen. Die Spielleiterin führt die Schlange an. Sie ist die einzige, die sehen kann. Sie führt die Kinder ganz langsam über unterschiedlichen Boden. Alles ist feucht vom Regen, und doch fühlen sich die Böden unterschiedlich feucht an. Die Unterschiede sind beispielsweise bei Sand und Erde sehr groß. Wenn die Schlange einige Zeit gelaufen ist und die Kinder unruhig werden, kann die Schlange stehen bleiben, und die Kinder können die Augen öffnen. Sie können sich jetzt gegenseitig erzählen, was sie erlebt haben und wie sich die unterschiedlichen Böden angefühlt haben. Sie können auch versuchen, den Weg zu finden, den die Schlange gegangen ist.

Anmerkung: Es können auch jeweils zwei Kinder zusammen gehen. Eines hat geschlossene Augen, das andere führt seinen blinden Partner über unterschiedliche Böden.

In die Pfütze

Spieler/innen: zwei und mehr
Alter: ab 4 Jahren
Zeit: 5 Minuten
Material: keines
Ort: im Regen

Die Kinder teilen sich in zwei Gruppen auf und stehen sich an einer großen Regenpfütze gegenüber. Auf ein Startzeichen versuchen sie gemeinsam, möglichst viele Kinder aus der anderen Gruppe in die Pfütze zu ziehen. Wer einen Fuß in die Pfütze setzt, wechselt in die andere Gruppe hinüber. Das Spiel ist zu Ende, wenn alle Kinder auf einer Seite der Pfütze stehen.

Spritzball

Spieler/innen: vier und mehr
Alter: ab 4 Jahren
Zeit: 5 Minuten
Material: ein Gummiball
Ort: im Regen

Die Kinder stellen sich in einem großen Kreis um die größte Pfütze, die sie finden können. Sie werfen sich den Gummiball zu und versuchen dabei, den Ball bei jedem Wurf einmal in der Pfütze aufspringen zu lassen. Dabei sollte es stark spritzen. Die Kinder können versuchen, auf diese Weise die ganze Pfütze leerzuspielen.

Goldsee

Spieler/innen: zwei und mehr
Alter: ab 4 Jahren
Zeit: 5 Minuten
Material: eine Münze, eine Fliegenklatsche, eine Plastiktüte
Ort: im Regen

Die Kinder legen die Münze auf eine Seite einer schönen kleinen Pfütze. Ein Kind ist der Wächter dieser Münze und erhält die Fliegenklatsche. Der Wächter kniet auf einer Plastiktüte, der Münze gegenüber, auf der anderen Seite der Pfütze. Wenn die anderen Kinder versuchen, ihm die Münze zu stehlen, beginnt der Wächter, ganz fest mit der Fliegenklatsche in die Pfütze zu schlagen, damit das Wasser nur so spritzt. Wenn es einem Kind trotzdem gelingt, die Münze zu erhaschen, wird es selbst Wächter und legt die Münze an seinen Platz zurück.

Regengolf

Spieler/innen: zwei und mehr
Alter: ab 4 Jahren
Zeit: 15 Minuten
Material: pro Kind einen Tennisball und einen Stock
Ort: draußen, im Regen, wo viele Regenpfützen hintereinander liegen

Die Kinder suchen sich einen Strecke heraus, auf der möglichst viele Pfützen sind. Sie beginnen an einem Ende der Strecke und versuchen, mit ihrem Ball in jede Pfütze zu treffen. Es darf keine Pfütze ausgelassen werden. Nur wenn ein Kind mit seinem Ball in die Pfütze trifft, darf es nochmals zielen. Der Ball, der als erstes in der letzten Pfütze liegt, gehört dem Sieger.

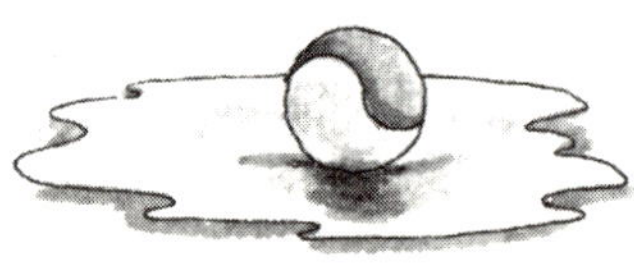

Pfützenspurt

Spieler/innen: zwei und mehr
Alter: ab 4 Jahren
Zeit: 5 Minuten
Material: keines
Ort: im Freien

Zunächst wird eine etwa 5 m lange Strecke mit vielen Pfützen abgesteckt. Die Kinder teilen sich in zwei Gruppen und stellen sich an der Startlinie auf. Die ersten Kinder jeder Gruppe laufen auf ein Signal los. Die Gruppe, deren Kinder als erstes alle durch die Pfützen gelaufen sind, hat gewonnen.

Pfützenturnier

Spieler/innen: zwei und mehr
Alter: ab 4 Jahren
Zeit: 5 Minuten
Material: keines
Ort: im Freien

Dieses Spiel kann an einem verregneten Kindergeburtstag an einem relativ warmen Sommertag gespielt werden. Es besteht aus einer Staffel von verschiedenen Pfützenspielen, die auch für sich gespielt werden können. Die jeweiligen Gewinnergruppen können Preise erhalten.

Pfützenfangen
Die Kinder bilden zwei Gruppen und laufen durch das vorher abgesteckte Spielfeld. Jede Gruppe versucht, möglichst viele der anderen Kinder zu fangen. Die Kinder können sich nur in die Pfützen retten, um dem Fänger zu entkommen. Ist ein Kind gefangen, muß es stehen bleiben. Die Gruppe, die als letztes einen oder mehrere freie Fänger aufweist, hat gewonnen.

Pfützenspurt
Zwei Gruppen spielen gegeneinander. Im Staffelwettlauf versuchen beide Gruppen, ihre Kinder der Reihe nach, so schnell wie möglich durch die Pfützenrennbahn laufen zu lassen.

Gefährlicher Weg
Die Kinder bilden zwei Gruppen. Die ersten Kinder jeder Gruppe stellen sich gegenüber ihrer eigenen Gruppe am Ende einer etwa 5 m langen Pfützenstrecke auf. Sie schließen die Augen und werden nun von ihrer Gruppe mit lautem Rufen durch die Pfützen zum Ziel dirigiert. Dann ist das jeweils nächste Kind an der Reihe. Die Gruppe, die zuerst alle Kinder über die Strecke gebracht hat, ist Sieger.

In die Pfütze
Die Kinder teilen sich in zwei Gruppen und stellen sich um eine große Pfütze. Jede Gruppe versucht nun, möglichst viele Kinder der anderen Gruppe in die Pfütze zu ziehen. Kinder, die in die Pfütze gezogen werden, müssen sich an den Rand stellen. Die Gruppe, die zuletzt Kinder außerhalb der Pfütze hat, gewinnt.

Regengolf

Die Kinder bilden zwei Gruppen und stellen sich in zwei Reihen nebeneinander an einem Ende einer zuvor bestimmten Strecke, an der viele Pfützen liegen, auf. Jede Gruppe erhält einen Tennisball und einen Stock. Zunächst sind nacheinander die ersten Kinder jeder Gruppe an der Reihe. Sie müssen versuchen, mit dem Stock den Tennisball in die nächstgelegene Pfütze zu treiben. Der Ball muß in der richtigen Pfütze liegenbleiben. Danach sind die nächsten Kinder an der Reihe. Erwischt das erste Kind nicht die erste Pfütze, muß das darauffolgende Kind in diese Pfütze treffen. Sonst ist der Reihe nach die jeweils folgende Pfütze dran. Die Gruppe, deren Ball als erstes in der letzten Pfütze liegt, hat gewonnen.

Register

Heike Baum

Dreckspatz, Schmierfink, Schmuddelkind!
Spiele mit Wasser, Matsch und Farbe
128 Seiten, Paperback
ISBN 3-451-26291-6

Heute sind wir Stubenhocker
Spiele mit Spaß und Konzentration
144 Seiten, Paperback
ISBN 3-451-26029-8

Bewegungsspiele für Kinder ab vier Jahren
144 Seiten, Paperback
ISBN 3-451-23943-4

Spiele aus Großmutters Zeit
Für Kinder von heute entdeckt
144 Seiten, Paperback
ISBN 3-451-23626-5

Im Buchhandel erhältlich!

HERDER